舞台の上の殺人現場

―「ミステリ×演劇」を見る―

麻田実

鳥影社

「お金〈アンティミテ〉Ⅴ」

舞台の上の殺人現場

――「ミステリ×演劇」を見る――

目次

ACT 1

ACT 1

フェリックス・ヴァロットン「切符売り場」

1　幕開き

地方都市で何不自由なく暮らしている家族の夕餉の会が終わろうとしている。

五十歳代の会社経営者。町の人々に尊敬されている妻。

婚期を迎えている娘。その弟。

今日は、同業者の息子である娘の婚約者を迎えて、幸せ絶頂の春の夕べだ。

そこへ、突然、見知らぬ警部が訪れる。

「二時間前にあなたの会社に勤める若い女性が消毒剤を飲んで救急病院で亡くなりました。あなたには、なにか心当たりはありませんか？」

警部の尋問が始まる。家族はそれぞれ、ほとんど名前さえ定かでないその女性とどこかで関わっていた。職場の差別で、給与格差で、社会保障の建前で。さらには、男女の関係で……市民の日常の無意識の行為が彼女を死に追いやっていた。

プリーストリ・作、内村直也が日本を舞台に翻案した「夜の来訪者」（青山杉作・演出　俳優座・公演〈1951〉三越劇場）。そのあとの巡演公演を見た。上演戯曲はテアトロ刊（〈1976〉、原戯曲は安藤貞雄訳）がある。

私がはじめて見たミステリ演劇である。もう七十年以上も昔、まだ中学生だった。

警部の役は東野英治郎。後にテレビの水戸黄門役の俳優もこの時は四十歳代半ば。世間に君臨する上流階級の仮面を容赦なく剝いでいく颯爽とした舞台だった。

「あなた方一人ひとりが彼女を殺すのに手を貸した。……私たちは一人で生きているのではありません、私たちはお互いに責任があるのです」

警部は、家族に有罪を宣告して立ち去っていく。そして残された家族は、やがて、いったんは認めた事実が事件の真相だったのかと疑い始める。あの警部の実在さえも……。

作者は単に事件の解決だけでなく、もう一つの結末を用意して、物語を普遍的なドラマに仕上げている。だが、スリリングな事件の展開に心を奪われた子供の私には、その意味はよくわからなかった。

それでも、幕が下りて公会堂の窓のカーテンが開かれ、無遠慮に眩しい外光が入ってきて舞台の時間が断ち切られると、まだ戦災の焼跡がまだらに残っている町の風景がそれまでとは変わって見えた。子供心に感動したのだ。芝居の世界に連れていかれて自分が変わったような気持ちになる。

演劇のように架空の世界で過ごす時間と現実の時間の落差のもたらす不思議な感動はその後の人生でも時々訪れた。小説を読む、映画を見る、絵画を見る、人との出会いや旅の風景のような思いがけない場面にもその感情は隠れていた。創る側にはなく、受ける側にだけ与えられる心が震える高揚感。作品の客観的よしあしとは違う。勝手に鳥肌が立つ感じ。

数年後、「そして誰もいなくなった」を別冊宝石で読んだ時も、同じ感情がやってきた。もう大学生になっている。

演劇もミステリも親しいものになった。

ことに両者が交錯するミステリ演劇には目が離せなくなった。演劇に参加することも、ミステリを書くことも容易にはできないが、劇場へ行けば観客にはなれるし、本を手に取れば読者にはなれる。

ミステリ演劇の舞台の上の殺人現場は、もちろん現実の殺人現場ではないが、観客は、今生きている俳優と同じ時間を共有しながら、事件が解き明かされる舞台に立ち会うことができる。舞台の殺人現場はそこで閉じているのではなく、観客に手渡されている。

「夜の来訪者」の不思議な幕切れ。

事件の殺人現場はいつ、どこにあったのだろう、また本当の犯人は？

しかし、その時、すでに、舞台は幕を下ろし、事件は観客の脳裏にしか残っていない。


日本での初演以来七十年、大劇団だけでなく、小さな劇団やアマチュア劇団でもよく上演される「夜の来訪者」は国内で最も多い上演数を持つミステリ演劇だろう。

二〇二二年にも、俳優座劇場で上演されている。その間に、俳優だけでなく、翻訳も、演出も変わった。だが、そのたびに、観客は、新たにその時々の殺人現場に立ち会うことになる。

舞台には、同時代の人間が、俳優の姿を借りて生きている。だからこそ、舞台を作るものと観客が、感情を交流させることができる。それが演劇だ。


ミステリと演劇は舞台の上のさまざまな殺人現場で交錯し、私たちの今生きている姿を表現してきた。ミステリ小説が探偵小説の時代から社会派ミステリの時代に移り、さらに広く現代文学のなかに拡散していったように、「ミステリ×演劇」も時代を映しながら変容を遂げてきた。

2　演劇とミステリの出会い

劇場に入っていく。

映画館や市民ホールと似ているが、劇場は空気が違う。さまざまな人間がうごめいている濃密な重圧感。

昔は、舞台と客席の間には幕が下りていたが、今は、ほとんどの芝居の舞台が、照明を落としたセットを観客の目にさらしている。

ここで、いままさに事件が起きようとしている。

現実には見ることもない殺人現場の人間模様を、目の当たりにできるのがミステリ演劇だ。

これから、観客として、さまざまな殺人現場を歩こうとしている。

人間の負の凶行を観て楽しむのは背徳だろうか？

いや、舞台の上では、私であり、あなたでもある今の時代を生きる俳優が、殺人事件に一つの回答を与えようとしている。

犯罪の現場を舞台に乗せるのは今に始まったものではない。ミステリ劇が一つのジャンルとして存在するようになったのは二十世紀に入る頃から。それまでにも、犯罪劇はあったし、悪人登場のキャラクター劇もあった。ギリシャ劇にはもちろん、「オセロ」（シェイクスピア〈1602〉）には猜疑心から起きる殺人現場があり、「楼門五三桐」（並木五瓶〈1779〉）では大盗賊・石川五右衛門が主役である。人形浄瑠璃の「女殺油地獄」（近松門左衛門〈1721〉初演）では凄惨な殺人現場が見せ場になってもいる。殺人をはじめとする犯罪は演劇にとって客受けのするネタであったのだ。それは、ミステリも同じだ。十九世紀末に「ミステリ」がジャンル化される前から、犯罪小説はあったし、悪人はアンチヒーローとして読者に喜ばれていた。

「ミステリ演劇」というジャンルはいつはじまったのか。

「演劇」については、古来さまざまに定義されてきた。演劇の諸要素をこまごまと並べた長いものから、「広場に花で飾った杭を立て、人が集えばそこが舞台だ」（ルソー『演劇について―ダランベールへの手紙―』〈1758〉、今野一雄訳）というような心情的なものもある。

最新の定義はわかりやすい。演劇は、「ここにいないひと（たち）を、ここにいるひと（たち）がいることにする」営みだ（佐々木敦「小さな演劇の大きさについて」〈2020〉）という。つまりは、演劇は現実と不可分のフィクションであり、虚構とないまぜになったリアルである。新しい定義だけに今の演劇状況を広くカヴァーした定義だと思う。排他的でないのもいい。

「ミステリ」についてもさまざまな定義がある。

日本のミステリ小説を開いた江戸川乱歩はジャンルへのこだわりも強く、「探偵小説とは、主として犯罪に関する難解な秘密が、論理的に、徐々に解かれて行く経路の面白さを主眼とする文学である」と定義して、ほかの小説とは違う、と独自性を主張した。（『幻影城』「探偵小説の定義と類別」）

これだけでは足りないと思ったのか、まず、冒頭に作品の全体を貫く犯罪の秘密、謎があり、次いで、不可能と思えるような謎を解いていく中途のサスペンス、最後に、結末の意外性、が三つの必要条件で、その謎が、読み進めていくうちに徐々に、明確に、論理的に、解かれていく文学だ、と解説している。

これらの定義に倣えば、ミステリと演劇は親しい。「架空の事件を、いかにもあったこととして解決する」殺人現場はいつも舞台の上にある。その鍵は「謎とき」だ。

演劇とミステリの関係が深くなるのは、それほど昔のことではないが、その初期は私が生まれる以前で実際にその現場をこの目で見ることはできなかった。専門家の方のご研究をたよりにふりかえってみる。

犯人当て本格ミステリを舞台化した「フーダニット」劇や、大衆小説で人気の出た探偵や悪漢を主役に、犯罪の謎を解く「探偵劇」がしきりに上演されるようになるのは、十九世紀後半から。大衆劇として、かなりの数が上演されたようで、その中には今も客の足を劇場に運ばせる「生きている演劇」があり、とりあえず、このあたりの作品から、「ミステリ演劇」が始まったと言われている。

演劇の宿命として、上演されなければ観客は芝居を体感することはできない。だが「ミステリ演劇」が市民のお馴染になる以前の舞台の上の殺人現場を観客なりに想像する手掛かりはある。「夜の来訪者」を見た同じころ、フランス映画の「天井桟敷の人々」(1945) が公開された。時代はさかのぼって一八二〇年代のパリ。大通りに立ち並ぶ劇場に生きた人々の人間模様である。このパリ随一の繁華街が犯罪大通り、と呼ばれていた所以は、この街の劇場でかかる多くの芝居が犯罪がらみの劇であったことによると言う。映画にはその舞台「アドレの宿屋」(ブールヴァール演劇の代表作の一つで、研究者による仔細な研究もある) の稽古と上演のシーンがある。映画が作られたのは、劇中の時代設定の百二十年後だから、制作者たちはその時代を見てはいないが、まだ生々しく残っていた伝承や記録に基いて犯罪大通りの大オープンセットを創り上げたに違いない。「ミステリ演劇」に先立つ犯罪劇の実態が伝わってくる。

江戸時代、人形浄瑠璃、能狂言、歌舞伎と言う演劇様式しかなかった日本で、リアルな劇として殺人現場が演じられるようになるのは、明治の文明開化を経て、新派の前身である書生芝居が世に受け入れられるようになってからだ。

さらに時代をさかのぼって十七世紀。日本には能があり、イギリスにはシェイクスピアがいる。今もしきりに上演されるシェイクスピアの戯曲はその内容から、悲劇、喜劇、歴史劇、ロマンス劇にジャンル分けされるが、ミステリ劇の名はない。しかし、多くの作品には、犯罪があり、陰謀があり、追いつ追われつ、のサスペンスがあり、中にはミステリ劇に通じる謎解きや、犯人探しもある。

代表作四大悲劇の一つ「ハムレット」は、演劇芸術の看板といってもいい作品だが、同時に、乱歩が挙げているミステリの要件も踏まえてもいる。

「ハムレット」第一幕第一場（セリフは「新訳ハムレット」河合祥一郎・訳から）

深夜。古城の歩哨に立つ兵士の前に、時の鐘とともに亡霊が現れる。

それは亡きデンマーク国王。出陣の甲冑姿。

ホレイシオ「まさに、瓜二つ、恐怖と不可解とが、この身を貫く」

なぜだ、と問う、ホレイシオに国王は答えず、消えていく……

夜更けの闇から姿を現す先王の亡霊!!　恐怖と戦慄の冒頭で観客をつかんでしまう。

第一場の冒頭、国王亡霊の出現というショッキングな出だしのサスペンスの中で、同時にデンマークの置かれた状態や、国王が急死したばかりの状況設定、勇猛なハムレット王子の存在も語られる。この筋売りで、乱歩の言う「冒頭で作品の全体を貫く犯罪の秘密、謎」が手際よく示される。デンマーク国王が亡霊になって城をさまようのはなぜか？


第二場は一転、城内の会議の場。敵役の現国王と、再婚した母の王妃をはじめ、主要な脇役たちが登場。ここで、主役の王子ハムレットの登場。父国王が亡くなって一月もたたぬうちに父の弟の、現国王と再婚した母に失望する若い王子ハムレットの「謎解きの動機付け」。独白「赦せん、この世は荒れ果てて、雑草ばかり生い茂った庭。汚らわしいものだけがはびこって悪臭を放つ」

第四場。ホレイシオから国王の亡霊が現れると聞いたハムレットは自身で確かめに行く。

第五場。煉獄に落ちている父の亡霊が現れ、ハムレットに自らが毒殺されたいきさつを語り「悪逆非道の殺人者に復讐せよ」と告げる。

こうして探偵・ハムレットの真相究明は始まる。周知の作品で、筋立てについて改めて言うまでもないのだが、その「捜査の過程」には、乱歩が、ミステリ小説に特有なものとして挙げた「トリック」がちりばめられている。

乱歩の類別トリック集成（『続幻影城』）の分類にしたがえば——

顧問官ポローニアスが、ハムレットの動静や、娘オフィーリアへの心情を探るくだりには「トリッキーな犯罪発覚の手掛かり」があり、ハムレットが仕掛ける旅役者たちの「ゴンザーゴ殺し」上演は「心理的な犯罪発覚の手掛かり」を求めてのこと。親友ホレイシオに国王、王妃の反応を見届けさせるのは「証拠の客観性」の確保。ポローニアスが、ハムレットの剣を受けるのは「陰謀のための隠れ部屋」の「盗み聞き」が原因である。自分の代わりにポローニアスが「誤殺」されたのではないかと危惧を抱いた国王はハムレットを、到着次第殺すべしとの「密書」をひそかに同行の学友に持たせて、イングランドへ送る。一方ではオフィーリアの「狂乱」。その兄レアーティーズが父の死を知り妹オフィーリアの発狂を知って、ハムレットへの復讐を誓う。イングランドに追放されていたハムレットは旅の途中「密書」を読むが、それを「すり替え」帰ってくるという。国王はこれ幸いとレアーティーズとハムレットを決闘させようと奸計をめぐらす。剣に「毒薬を塗って」、ハムレットを亡き者にする。もししくじった時のためには「毒薬の入った盃」を用意しておく。

国王、王妃の前でハムレットとレアーティーズの「仕掛けられた決闘」が始まる。しかしその「段取りは狂い」お互い毒の刃で傷つき、王妃は毒杯をあおぐ。
レアーティーズ「もう口がきけない、王が——王こそが犯人」

大詰めに至るまで、「ハムレット」のドラマでは、多くの登場人物か活写され、彼らがさまざまに交錯して、乱歩の言う「犯罪に関する難解な秘密が、論理的に、徐々に解かれて行く経路の面白さ」も十分にある。しかし、乱歩の定義は厳しくて、「心理的スリラーや、単なる犯罪小説は、探偵小説ではないのであるが、英米ではこれを『ミステリー』と総称し、広義の探偵小説としている」と苦々しげに付言してもいる。

だが、この厳しい定義に従っても「ハムレット」の物語が、もし小説として書かれていたら、シェイクスピアは探偵小説の始祖たりえたかもしれない。しかし、その時代には、ミステリはもとより「小説」というジャンルすら作者の周囲になかったのだから仕方がない。

日本にも能狂言や歌舞伎の古典劇がある。歌舞伎の特徴としては、「第一に謎解きの構成、第二に『物語』的な性格、第三に変身譚としてのドラマ、第四に『女もの』の系譜」（渡辺保『舞台を観る眼』）だというから、ミステリに近い。築地生まれで歌舞伎大好きだったミステリ作家・小泉喜美子（1934～1985）は歌舞伎のどんでん返しはミステリの聖杯とも言い、歌舞伎の中のミステリのトリックを列挙している。ミステリ作家の側から劇のトリックへの言及は珍しいし、的をついていて面白い。（小泉喜美子『歌舞伎は花ざかり』）。歌舞伎の物語は「これが真相だ！」の謎解きのドラマだ。十八世紀半ばの時代狂言「仮名手本忠臣蔵」は歴史の元禄赤穂事件の真相に迫る謎解き劇だし、近松の心中物は市井の事件の真相を解いて見せる。

もっとミステリの謎解きに直結する舞台もある。歌舞伎十八番の「毛抜」（安田蛙文・作「雷神不動北山櫻」の二幕目。1742年初演。渡辺保「江戸演劇史・上」に成立の経緯は詳しい）。乱歩も書いているが、この舞台はミステリのフォーマットにそっくり乗っている。

公家・小野春道の息女である錦の前は、同じく公家の文屋豊秀に輿入れすることになっていたが、「髪の毛が逆立つ」という奇病にかかってしまう。当時は誰も解決できない不思議な謎の奇病である。これでは婚儀は難しい。お相手の文屋豊秀の家臣の粂寺弾正は主の命により錦の前の様子を見に春道の館にやって来る。謎解き名探偵登場である。

姫の髪の逆立つ様子を見て驚くが、小野家の中の不穏な動きも見て取る。弾正が髭を抜こうと毛抜きを使っていると、その毛抜きがひとりでに立って動く。不審な動きをする毛抜きを拠り所に、弾正は錦の前の髪の毛が逆立つのは姫の鉄製の髪飾りを天井裏に潜む悪者が操作する大きな磁石によるからくりと見破る。奇病を言い立てて婚儀を妨げ、お家乗っ取りを企む小野家の悪家臣の仕業だった。

　粂寺弾正が、天井を槍で突くと、黒装束の悪者が大きな磁石を抱えて、どさっと落ちてくるところは、古典劇らしいおおらかな解決で客席は沸く。弾正は悪家臣を討ち、謎は解決。名探偵は悠々と花道を引き上げる。

「毛抜」はこの場だけ見ても愉快な芝居で、いまでもよく正月や襲名などのめでたい興行で上演される。


　ギリシャ・ローマ時代や、能狂言が盛んであった時代から、舞台で殺人はしばしば取り上げられ、犯罪は舞台を彩る黒い華でもあった。ミステリによって、合理的に殺人現場の謎が解かれるのは、長い伝統を持つ演劇と、新しい大衆文化であるミステリの二者が交差する格好の舞台でもあった。書いて解くか、見て解くか。二つのメディアの謎を解く仕掛けは共通しているところが多いが、その間を行き来するハードルは、意外に複雑な形をしている。

演劇の古典を今の観客が見るのは容易ではない。実際に今上演される古典作品は非常に限られているからである。演劇では演じてみて、それを見て、初めて納得できる、ということが少なくない。生き物なのだ。

　いまもよく上演され、現代の観客にも受けのいい鶴屋南北の「櫻姫東文章」が、江戸時代に初演（1817）後ほぼ百年も上演されることなく埋もれていて、昭和になって（1927）復活上演されるようになった、とか、「毛抜」や「鳴神」ですら、半世紀も封印されて上演されなかった時期があると聞くと、演劇と時代との出会いの不思議さを感じる。復活した犯罪劇の「櫻姫東文章」は、海を渡って、ルーマニアの国立劇場の舞台となって、二〇二二年には東京に帰ってきた（ルーマニア国立ラドゥ・スタンカ劇場「スカーレット・プリンセス」）。こちらは現代の世界との出会いと飛躍だ。こんなこともあるのだ。

古典劇の犯罪劇はミステリ演劇が動き出す大きな基盤になったが、その盛衰には神の手を感じてしまう。

もともと、ミステリ小説と演劇は、縁がなかったわけではない。ミステリの始祖・エドガー・アラン・ポーは両親が俳優で本人も舞台に立ったことがあると言う。機会があれば、ミステリ演劇を書いていたかもしれない。しかし、その時は訪れず現実に「ミステリ演劇」が世間でも注目され、一つの演劇のジャンルとされるようになるには、小説と演劇をともに我が娘のように愛し、「ミステリ演劇」を成功させて見せた女性の出現が必要になる。

歌舞伎劇しかなかった日本でも、明治維新による国内の混乱も落ち着き始めると、新しい時代への関心が市民の中でも高まってくる。生活の周囲を劇化することも盛んになった。新興のメディアである新聞が市井の事件報道に熱心だったように、民衆生活に近い壮士芝居では犯罪実話劇や探偵劇が現代劇として上演される。欧米でミステリ演劇が出てくる前の大衆社会勃興期の犯罪劇隆盛の状況と似ている。このあたりの経緯は歴史家の領域で、文献も多い。(手近で読めるものではミステリでは江戸川乱歩『続・幻影城』収載の「日本探偵小説の系譜」、演劇側からは戸板康二の『歌舞伎この百年』が当時の観客と役者の空気を伝えている)

このころ洋行して、欧米の劇場で演劇を観た川上音二郎は、壮士芝居、書生芝居だった日本の現代劇の演劇改革を志した。市井の身近な生活をもとに新しい演劇を作ろうした「新派」では、犯罪実話もとりあげ、ミステリ劇も生まれた。近代演劇の誕生である。封建時代のお裁きの恣意的な裁判から、「法」ができ、市民が傍聴できる「裁判所」を舞台に、法廷劇も大衆の関心を呼ぶことになった。

明治二七年(1894)には「意外」「又意外」「又又意外」と犯罪とその意外な真相を描くシリーズが当たって、謎を解く劇というジャンルが上演されるようになったが、そこには音二郎がフランスで見てきた犯罪大通りの芝居のネタもあったという。(松本伸子『「又意外」の種本』)世界は広いようで狭い。こうして明治維新以後の新時代の社会の生態を素材にする現代劇が次々と上演された。演劇が新しい装いを持ったように、このころミステリでは現代的な探偵小説の始祖と言われている黒岩涙香の「無残」（1889）が世に出ている。

少し時代が飛んで、昭和の初期にも「探偵劇」が大いに話題になった時期があったようだ。乱歩が書いているのを頼りに、復刻版が出ている当時の代表的な演劇雑誌「演藝画報」昭和四年（1929）七月号を開いてみると、大判の雑誌に三段組で三十ページにわたって、「芝居の探偵趣味・研究」と題した大特集が行われている。今も名前が知られている岡本綺堂、長谷川伸、甲賀三郎、をはじめ当時錚々たる顔ぶれの第一線の演劇界の人々が「探偵劇」への所感を述べている。海外通の筆者がルパンを紹介していたり、デテクティブ・ストーリーとミステリ・ドラマの違いが論じられていたり、新進作家の畑耕一が日本の旧劇（歌舞伎などの探偵趣味を論難していたり、時代の空気が感じられ興味が尽きない。文中紹介される当時上演された新しい「探偵劇」は、どれも犯罪実話を脚色したような作品が多く、先の新派劇の流れを引く裁判劇も盛んに上演されていた様子はうかがえる。残念ながら文中で今日も再演される作品は歌舞伎作品だけで実際に舞台で見ることはできないが、当時、演劇界の「探偵劇」への関心が高かったことはよくわかる。

ミステリの側で、江戸川乱歩が欧米のミステリと並ぶ作品と評価が高い初期短編を発表して世間の注目を浴びるのはこの数年前（「二銭銅貨」大正十二年〈1923〉）である。その影響もあったかもしれない。

3　女王・クリスティ

「ミステリ演劇」と言えば、まずクリスティの「ねずみとり（マウストラップ）」の名が浮かぶ。世界演劇史上最長のロングラン記録を誇る芝居である。

データ的に言えば、ロンドン・アンバサダー劇場で初演（1952）、原作は自作のラジオドラマ「三匹の盲目のネズミ」、七四年にセント・マーチンズ劇場に移り、コロナ騒ぎでやむなく一時休演したが、今なお上演中。初演後七十年を超え、ジャンルの代表作にふさわしい。

アガサ・クリスティは二十世紀から現在に至るミステリ小説の隆盛に大きく貢献したミステリの女王だが、演劇でも「ねずみとり」のロングランで未踏の記録を打ち立てた。興行面だけでなく、犯罪や悪人を描くよりも「誰が犯人か」の謎ときをドラマの軸に置いた「フーダニット演劇」を演劇のジャンルの一つとして定着させた。

クリスティは一九三〇年にはじめてミステリ戯曲「ブラック・コーヒー」を書き、「ねずみとり」を書いた時点（1952）では劇作の経験も十分にあり、円熟期に入っていた。次作の「検

察側の証人」もヒットしている。（注1　クリスティの戯曲一覧）
ところが、欧米の人気作品となれば、たちまち翻訳上演したり、引っ越し公演が実現する日本で、この作品が上演される機会は少ない。翻訳出版されている戯曲（鳴海四郎・訳）もベストセラーになったという話を聞かない。二〇二三年にも正月早々俳優座劇場でプロダクションによる公演が行われたが、大きな話題にはならなかった。実際に舞台を観た人も「夜の来訪者」に比べればはるかに少ないだろう。

こんな芝居である。

時は第二次大戦後まもなく一九五〇年ごろの冬。ロンドンから五十キロ。雪が降り続く人里離れた一軒家。二日間の物語である。
モリー・ロールストン（二十歳代後半）は、叔母の遺産を相続したマンクスウェル山荘を、新婚一年の夫ジャイルズとともに民宿に改装しようと、忙しく働いている。今日はその開業日。舞台はその山荘のロビーの一杯セット。
客電が落ちると、闇の中で「三匹の盲目のネズミ」の童謡が流れ、引き続いて女性の叫び声、警官の呼子の笛、さらにラジオの声で、パディントンで中年女性が殺害され警察は黒いオーバーコートにソフト帽の男を追っている、というニュース、雪は続くだろうという予報が流れて舞台が明るくなる。

　次々と客が到着する。高名な建築家と同姓同名を名乗る若い建築家・クリストファ・レン、気難しそうなボイル夫人と退役軍人のメトカーフ少佐は中年。男っぽい新時代の若い女性ミス・ケースウェルは外国暮らしから帰国したばかりと言う。車が雪で動かなくなったと飛び込んで来たパラビチーニはまるでポワロを思わせる風体。一癖ありそうな五人の客が揃ったところで一場は終わり、二場は翌日の午後。雪はやんでいるが村への道は閉ざされている。そこへ、地元の警察から電話。刑事を差し向けるという。何事かと思っているうちにそのトロッター刑事がスキーで到着。その刑事の説明で、舞台に緊張が走る。この山荘が突然事件に巻き込まれたのだ。

　冒頭、ラジオで流れたパディントンでの女性殺人事件の被害者は、十年ほど前、この村で起きたロックリッジ農場事件の関係者だった。

　ロックリッジ農場を経営していたスタニング夫妻は、コリガン家の男児二人、女児一人の三人の子供たちの里親になっていたが、幼い十一歳の男児が死亡。その原因が児童虐待、育児放棄によるものと分かってスタニング夫妻は禁固刑になった。夫はまだ獄中だが、妻は刑期を務めあげて釈放されていた。昨日殺害されたのはその妻で、このマンクスウェル山荘のアドレスを持っていた。そこで、事件とこの山荘の関係を捜査するためにトロッター刑事が派遣されてきた、という。

そのうえ……被害者の死体の上に「一匹目」と書かれた紙があり、さらにそこには、「三匹の盲目のネズミ」の楽譜と、ネズミの絵も添えられていた……。ではこの後、この山荘で事件に関係していて逃げおおせた二匹のネズミが殺されるのか。誰が、この事件の被害者になるのか、誰が追っているのかもわからない。

雪で村への電話は切れて、孤立した山荘。時間は午後遅く薄暗くなってくる中で、些細なことでもお互いへの不信感と疑心暗鬼が募ってくる。そして、暗闇の中で「二匹目」の被害者が出る。舞台にボイル夫人の死体が転がって……

ここで第一幕の幕が下りる。


この若夫婦の新規開店の山荘に犯罪の影が立ち込める一幕後半の急展開はよくできていて、舞台で第二の犯行が実行されたところで二十分の休憩になる。ここまで、誰が犯人か、誰が、なぜ、どのような手段で、いつ次の「三匹目」の被害者になるか、は明かされていない。休憩は観客がそれぞれ事件の行方を考えるお楽しみタイムでもある。

後半第二幕は、次々と明らかになる登場人物たちの過去や、犯罪の動機も絡んで、犯人が童謡の示す「三匹目」の被害者に迫るサスペンス・ドラマが展開する。

「自分の愛している人、よく理解している人までが、まるで他人のように思えてくる。周りはみんな赤の他人ばかり、人を信じちゃいけないのよ」（モリー）

どうやら自分が狙われていると怯えるモリーに犯人の影が……。

登場人物の正体が次々に暴かれて、事件の背景が明らかになり、意外な犯人の手が被害者に迫ってくる第二幕は、息継ぐ間もないサスペンス、である。そして、納得できる動機の意外な犯人が逮捕され、探偵役も明らかになって大団円。各幕一時間、休憩を入れて、二時間二十分の舞台である。

「結末は明かさないでください」を売り文句にこの芝居がロングランになったのは、ミステリ読者と共通する大衆化した大都市の観客層に訴える興行の広告宣伝がうまかったからでもある。この芝居の初演のプロデューサーのピーター・ソンダースは、始めはあまり期待していなかったこの作品に、次々に都市市民の喜びそうな話題を作って世界的なロングランにつなげた。今や、劇場はロンドン・ウエストエンドの観光スポットにまでなっている。その大小取り混ぜた広報宣伝は演劇興行を志す人たちには学ぶところが大きいのだろう、ここまでヒットした経緯は本人の手で書かれてもいる。（ソンダースの自著「autobiography, "The Mousetrap Man"」〈1972〉）

「ねずみとり」の成功で、雪や森や海に閉ざされた一軒家で、ワケありそうな人々が集まり、そこで殺人事件が起き、その解決のカギがサスペンスとともに提示され、大詰めには名探偵が現れ、登場人物の中から意外な犯人を指摘する、という犯人当てドラマはミステリ演劇のフォーマットになった。観客に「犯罪を見せる劇」だったそれまでの犯罪劇から、観客が「謎解きを楽しむ劇」という犯人当て推理劇に変貌して、新しい「フーダニット劇」というジャンルが生まれたのだ。

庶民生活の最新の話題を巧みに取り入れているのもクリスティ劇の特徴で、テレビがない時代のラジオ、電話だけが頼りの通信手段も当時の風俗としては目新しく、若い夫婦が叔母にもらった遺産の山荘でゲストハウス（高級B&B）を始めるというのも、戦争で増えた養子を里親が虐待するというのも、この時期英国では社会的話題になっていたよくある話なのだろう。劇中の、日本軍の捕虜になって虐待され、復員すると家族は行方不明と言う挿話には、当時の一般の英国人の対日感情が反映している。戦争に勝利したもののその傷跡の深い戦後のイギリスの「普通の人々」の生活感覚の上に、ミステリのプロットが組み上げられている。

そこが、主に特殊な裏社会のグロテスクな犯罪や、いかにもの悪人キャラを舞台に上げてきたそれまでの犯罪劇と違うクリスティの新時代の大衆性でもあった。日本でも、同じころ書かれた横溝正史の「犬神家の一族」(1951) で重要な人物として復員兵が登場する。戦争は世界のどこでも市民に大きな傷あとを残していた。すべての国民が兵となって戦争に組み込まれる時代になったのだ。戦争は二十世紀社会を解く大きなカギになる。

このような大衆社会的な状況が市民の間に行き渡ったのは、十九世紀末から勃興した大衆メディア(新聞・雑誌・ラジオなど)の普及の結果で、それにいち早く乗って劇場とミステリを結び付けたところがクリスティのフーダニット・ミステリの新しさでもあった。

このよく出来たフーダニット劇「ねずみとり」が、なぜ日本では敬遠されるのか。

上演権の制約とか、役者が揃わないとか、幕内の事情があるのかもしれないが、そんなことは、客が来そうだとなれば、どうあっても解決するのが興行界である。この芝居は何度か東京で上演されてはいるが大きな仕込みの公演はない。

端的に言えば、わが国の大手の興行者は、この謎解きミステリ演劇のプロットでは日本の商業演劇の観客のご機嫌を取り結べないと踏んだのだろう。

どんなによくできた「ミステリ演劇」でも、劇場が観客に与えるものが「犯人秘匿の特権」、見た人だけが犯人を知っている、だけでは客は集まらない。その特権は口に出してしまえば一瞬で失われることだからだ。人気の俳優の出演だと、主役のキャストから役柄の秘密までわかってしまう。座組も難しい。もっと大事なことでは、ミステリの登場人物に時代感覚のあるリアリティを埋め込むのが容易ではない。上演時の社会情勢も大事だ。「ねずみとり」では、幼時に里子に出され虐待された三人兄弟のうち成年まで生き残った犯人が、虐待死した兄弟の復讐をする、というのが話の主筋である。当時のイギリスは、大きな戦争の直後で、子供を里子に出すのは切実な現実問題でもあったのだろう。それなら、日本でも、昨今、家族内の児童虐待が大きな社会的問題になっているから上演のチャンスか、というと、お客様のご機嫌を見抜く演劇興行者はなかなかそうは考えない。たぶん、とこれは推測でしかないが、興行者は、謎ときや犯人探しがよく出来ていても、日本のお客にはこの復讐劇の結末が、倫理的な意味ですっきり腑に落ちないだろうと読んだのではないだろうか。

当時、この作品をイギリスで見た劇作家の飯沢匡は、登場人物の「人となり」に大いに失望した（「推理劇あれこれ」飯沢匡『コメディの復讐』）と言っているが、このあたりが日本では大型の公演がためらわれる本音ではあるまいか。

今日のイギリスでも、「ねずみとり」は芝居好きがウエストエンドへ行って見る芝居ではなくなって、観光イベント化している。「ねずみとり」に続いてヒットした「検察側の証人」も、ここ十年ほどのロンドンの再演では、昔のホンモノの裁判所で上演するというイベント性のある興行で成功したといわれている。

クリスティ劇でも、作者が亡くなった後、原作を基に新たに脚本が書かれた作品は、今の観客に受け入れられる現代のリアリティが周到に埋め込まれている。

二〇二〇年はクリスティ生誕百三十年。

衰えぬ女王人気のなかで制作された映画「ナイル殺人事件」は、三年前に同じケネス・ブラナーがポワロを演じ、監督もした「オリエント急行殺人事件」に続く、エキゾチックな観光地を舞台にしたミステリ大作、二度目の映画化である。原作の新訳も出た。

映画の原作は小説「ナイルに死す」(Death on the Nile〈1937〉)だが、クリスティは、自らこの原作を戯曲化(“Murder on the Nile”〈1948〉)している。

一つのミステリから小説、映画、演劇の三種三様が見える。

ナイルに浮かぶ豪華客船を舞台に三角関係のもつれが、殺人事件に至るプロットは同じだが、メディアによって出来ることと出来ないことがある。中でも一番苦しいのは演劇だ。舞台で上演するために、大小さまざまな工夫がいる。

まずエジプト。舞台となるエキゾチックなピラミッド観光で名高いナイル川に浮かぶ観光船。小説は自在に書けるし、映画は映像で見せられる。舞台は、幕開きと同時に登場するナイルの土産物売りの押し売り。風景はホリゾントに描かれたピラミッドの遠景。遠くから聞こえるアラビア風音楽。これだけで観客をエジプトまで旅させなければならない。

登場人物の数。小説はクリスティの中では最も長い大作で、書き込まれている主な人物だけで二十人はいる。演劇は物売りと船員の脇役を除くと九人。この辺が芝居の登場人物数の限界だ。

場面。原作は次々と場面が変わり、見物に出かけた遺跡では落石の殺人未遂事件も起きるし、映画はロケで緊迫感も出せるのに、演劇は、観光船ロータスの展望サロンのワンセットだけ。ここで三幕四場、日替わりもある長丁場である。

肝心のトリック。この時間差トリックを演劇で見せることは難しい。やむなく暗転という手を使う。小説、映画に比べて舞台が最も不利なところである。

極め付きは、お馴染の名探偵ポワロが登場しない。謎解きの役割をつとめるのは、被害者の美貌のヒロイン、ケイ・モスティン（小説のリネット・リッジウェイ）の叔父で貴族のキャノン・ペンファーザー（こちらは小説には出てこない）である。映画化の場合は、小説をベースにして、第一作（1978）からポワロ（ピーター・ユスティノフ）は主役である。新作映画ではイギリスを代表する俳優ケネス・ブラナーがポワロを演じる。

小説も、映画も世界中どこででも読み、見られるのに、舞台は上演している大都会の劇場まで出かけて行って、小説や映画より遥かに高いチケット代を払わなければならない。

これほどの不利な条件を承知の上で、なぜ、舞台を観に行くのか。

演劇ファンは必ず言う。ナマで見る値打ちが演劇にはあるからだ、と。

うーむ、たしかに演劇ファンとしてはこう言うしかない演劇の魅力なのだが、苦戦は免れない。


余談めくが、この戯曲は日本でのクリスティ劇の初演作品でもある。「ナイル河上の殺人」〈訳・長沼弘毅。この訳は宝石増刊〈1955〉に掲載されたと記録がある。未来劇場・公演〈1958〉砂防会館〉には、面白い趣向があった。当時の探偵作家クラブ（今の推理作家協会）の協力で、江戸川乱歩をはじめ、木々高太郎、大下宇陀児などの探偵作家が俳優として特別出演したのである。もう、この舞台を観た人は少なくなっているだろうが、大学生だった私は作家たちのゲスト出演につられて見に行った。

この公演の首尾は演出した山村正夫の『推理文壇戦後史』(1973)に詳しい。当時、一般に「探偵小説」と呼ばれていたミステリはいまほど読まれず、知名度も低い。探偵小説作家で、一般に知られていたのは、戦前からベストセラー作家だった乱歩。大学の医学部教授で科学分野への数少ないコメンテーターでエッセイストとしても知られていた木々高太郎。当時の放送メディア・ラジオの土曜の夜の人気クイズ番組「二十の扉」の回答者だった大下宇陀児くらい。業界で集客力がありそうな三人の作家、総出演の舞台だった。

昭和三三年（1958）はまだ戦後の影が濃く、東京でも演劇の上演できる劇場は少なく、砂防会館のホールもしばしば新劇系の公演に使われていた。公演主催は結成されたばかりの新劇団、未来劇場（注2）だった。

新設とはいえ、劇団側には舞台経験はあるから、ゲスト出演者の段取り稽古だけで、主要な役が勤まるとは考えない。芝居の一部だけやってもらえばいい、という顔見世の部分出演の企画である。演出は、新進の探偵作家だった山村正夫、二十歳前後に文学座の養成所で演劇には経験があったとはいえ、まだ二七歳である。

三幕の初めの部分、とても豪華船の展望ラウンジとは見えないセットに並んだ当時のミステリ作家を代表する面々。役は英国貴族や、左翼を気取る若者、医者。いよいよ事件の解決が始まる前のラウンジでの四方山話が作家たちの出演場面であった。

乱歩が嬉しそうに演じていたのは憶えているが、ほかの作家たちはほとんどせりふも棒読み、演技もぎこちなかった。今の表現で言えば、ぐちゃぐちゃの出来だったのだが、それでも舞台の成否を問う者はなく、無事に幕は下りた。振り返ってみれば、この年は日本のミステリ作家と演劇が親密だった時代で、このあと未来劇場は同年秋に「消えた瞬間（ブラック・コーヒー）」を上演、テアトル・エコーはホームズものを脚色した「婦人科医・プレトリウス博士」を上演している。象牙座が銀座ガスホールで上演したクリスティの「アクロイド殺害事件」（ミカエル・モルトンの脚色による「アリバイ」をもとに上演）にも探偵作家クラブの作家の面々がゲスト出演している。

一九六〇年代になると、世界的には小説では謎解きミステリから、次第にハードボイルドや、リアルな犯罪物語や００７のような冒険活劇に移りつつあったが、日本はまだ、牧歌的な「探偵小説」の時代だった。年末にはジャンルを問わず作家たちの総出演で文士劇が盛大に上演され話題にもなっていた。日本のミステリを変えた松本清張が登場するのはこの年、一九五八年である。

「ナイル殺人事件」は、その後、世紀をまたぐ頃、断続的に続いたクリスティのミステリ劇の商業劇場での上演の一作として（「ナイル殺人事件」鴇澤麻由子・訳／橋本二十四・脚本／山田和也・演出〈2004〉）ルテアトル銀座で上演された。

作者がなくなった後も、名作は映画テレビなどのメディアによく登場する。舞台では、最近、名作「オリエント急行殺人事件」（脚本・ケン・ルドウィック／演出・河原雅彦、サンシャイン

キャスト

1. 3 幕	
ジエームス・シエパード	池田尚志
ロージヤー・アクロイド	平岡久明
セシル夫人	柴山惠美子
フロラ嬢	阿部美代子
ラルフ・ペイトン	田淵幹夫
バーカー	川崎貴嗣
アーシユラ・ボーン	斉藤久江
デビス警部	渡辺一行
エルキユル・ポワロ	松井睦
2 幕（探偵作家特別出演）	
エルキユル・ポワロ	江戸川乱歩
カーター大佐	大河内常平
ジエームス・シエパード	千代有三
ヘンリー	高木彬光
フイルス	鷲尾三郎
バーカー	山村正夫
デビス警部	楠田匡介
ブロウ	阿部主計
メルローズ署長	木々高太郎
カロライン	佐藤みどり
ガーネツト	佐々木久子
フロラ嬢	小山生子

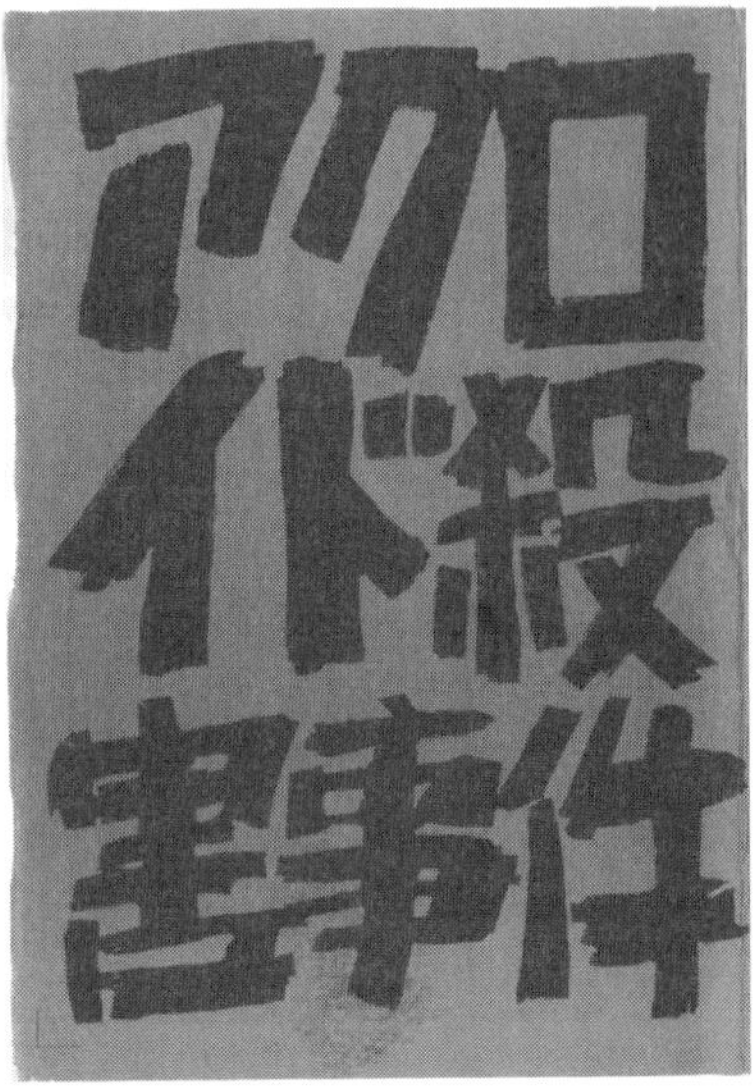

象牙座・公演「アクロイド殺害事件」（1958）のパンフレット、表紙と配役表。

全三幕だが、二幕にミステリ作家が大挙出演している。当時学生だった演出者・滝大作はのちにワハハ本舗の作者として活躍した。公演会場のガスホールは2008年に建て替えられて現存していない。

劇場〈2019〉初演）が日本でも上演された。脚本はアメリカの中堅の作者だが、まだ米英の首都の大きな劇場で上演されていないようだ。登場人物を十人に絞って、原作を踏襲した要領のいい脚本だ。この日本公演は舞台美術がいい。セットのことだからネタバレで書いてしまうと、舞台は二重に組まれていて、上段に、八つの個室のドアがある廊下、下段にパブリックスペースである食堂車。個室で内部をみせる必要がある場面では、表と室内を回転させて見せ、細かい証拠物件は映像にしてスクリーンに投射する。幕前と幕間には、舞台前面にオリエント急行の列車の張物を出し、スモークと照明で列車の走りも見せる。走る列車のなかの密室が現場という難題をクリアしている。スピード感があるテンポのいい脚本だ。欧米の首都の大劇場の道具操作システムを使えば、もっと仕掛けが映えるアイディアだから、欧米の首都まで進出できればこの美術のアイディアは使われるのではないかと楽しみだ。

注1　クリスティの主な戯曲

▼本人が戯曲を書いたミステリ作品

「ブラック・コーヒー」（1930)、「そして誰もいなくなった」（1943)、「死との約束」（1945)、「ナイル殺人事件」（1945)、「ホロー館の殺人」（1951)、「ねずみとり」（1952)、「検察側の証人」（1953)、「蜘蛛の巣」（1954)、「ゼロ時間へ」（1956)、「五匹の子豚」（1960)

▼クリスティが存命中に、他の劇作家が原作から戯曲化した作品
「アリバイ」（「アクロイド殺し」から1928）、「ナイチンゲール荘」（1936）、「邪悪の家」（1940）、「牧師館の殺人」（1930）、「予告殺人」（1977）、「開いたトランプ」（1981）
▼作者の没後、制作された作品
「オリエント急行殺人事件」
▼本人が書いた歴史メロドラマ作品（ほとんど上演されていない）
「アクナートン」（1937）
ここにあげたのは九十年に刊行された生誕百年記念ブックによるものだが、その後も、短期上演や未発表の戯曲が発掘されている。

注2　未来劇場
未来劇場（一九五八年創立）は当初、ミステリ劇の上演を目指して結成された。俳優座の「夜の来訪者」の成功をうけて、海外ミステリ劇の上演を目新しい看板にしたが、内容が伴わなかった。この劇団が作者・里吉しげみ、女優・水森亜土を軸に、ナンセンスな喜劇、ファンタジーやミステリ劇で一定のファンを集めるのは七十年代のことになる。新劇系の大劇団は五十年代から六十年代に、映画、テレビへの俳優の出演と、固定団体客の確保で経営

が安定して、左翼的な主張を持ちながらも演目は保守的になっていった。都会的なファッションをまとったミステリ演劇は、大劇団の周囲に生まれた衛星劇団や、喜劇を志向したテアトル・エコー、劇団NLT、NHK東京放送劇団（連続ラジオドラマ「えり子とともに」をヒットさせた劇作家・放送作家の内村直也や児童番組も書いた劇作家・飯沢匡がブレイン）などの小劇団が散発的に上演した。しかし、この流れは、七十年代以降の劇団四季と西武劇場（今のパルコ劇場）の提携公演によるミステリ劇上演のような一般観客の目に見える大きな興行の動きにはつながらなかった。

4　フーダニット名作選

自分の書いたミステリ小説の世界を劇場の舞台の上で見たい、とクリスティが思い立ったところから、ミステリと演劇の交流の流れがはやくなる。長編処女戯曲の「ブラック・コーヒー」(1930) から「ねずみとり」の成功 (1952) まで二十年ほどかかっているが、その間に、謎解きミステリの面白さを舞台でも、と「フーダニット劇」と呼ばれる作品が次々と登場する。

小説の方でも、ドイルやクリスティの謎解きミステリの成功を受け継いで、いわゆる本格探偵小説が続々現れる。なかにはエラリー・クイーンのように、ミステリを芝居にしてみた作家もいないではないが、クリスティを受け継いでミステリ演劇を成功させたのはやはり蛇の道は蛇、劇作家だった。

「フーダニット」がジャンル名で呼ばれるのは、諸説あるようだがおよそ一九三五年ごろ、ここから二十世紀の中頃にかけて、本格ミステリの黄金時代に伴走するように、クリスティに続けと、今も上演されるフーダニット劇が生まれた。(ウィキペディア英語版の Whodunit の

項目に命名の経緯が掲載されている）

　舞台の上に設定された出入りの限定された場所（多くは僻地のポツンと一軒家）で事件が起きる、登場人物の中にいる犯人を劇中の手掛かりで解いていく、その過程で犯人と探偵との攻防のサスペンスがある、探偵役による犯人の指摘がクライマックスになる、などが、共通の劇構造だが、同じような展開のそれ以前の古典劇や犯罪劇とは一味違う。ここではなによりも犯人あての、「誰がやったのか《フーダニット》」、だれが、なぜ、いつ、どこで、だれを、どのような方法で、やったかの謎解きの遊戯性がドラマの中心に置かれている。ジャーナリズムで言う事件記事の基本条件の５Ｗ１Ｈ（今は最後に、どれだけ利益があるか？　のHow muchを加えて２Ｈとも言うそうだが）の謎解きの技巧性を楽しむ芝居である。どこかにフェアにカギが隠されてさえいれば、物語の進展も、結末も、観客にとって意外であればあるほど面白い。つまりは、宣伝で「結末を明かさないでください」というキャッチフレーズが売りになるミステリ小説の演劇版である。

　欧米ではこのジャンルは興行的にも成功して、ひところはロンドンの劇場案内に「ミュージカル」と並んで「フーダニット」という欄があって上演中の謎解き劇の演目が幾つも並んでいた。

　日本では、丁度この黄金期初期と戦争が重なったために紹介が遅れたが、高度成長期には、新しい商業演劇の柱にならないかと模索した劇場〈例えば、西武劇場〈現在のパルコ劇場〉〉もあって、七十年代以降には欧米で好評だったフーダニットが次々に翻訳上演された。（注1）

以下は、クリスティ作品以外の、海外でも日本でも当たった「フーダニット」の主な五作品だが、米、英、仏と書かれた国の国情も反映してそれぞれに特色がある。

「毒薬と老嬢」（1939）

J・ケッセルリング・作（"Arsenic and Old Lace" Joseph Kesselring）。米・初演（1941）、日本初演（1987）・黒田絵美子・訳／デボラ・ディスノー・演出（劇団NLT公演）博品館劇場。（戯曲は絶版になっているが単行本がある。新水社〈1987〉）

舞台はニューヨーク、ブルックリンのブルース家の居間。住人は先代の遺産を恵まれない人々に善意で施すことを生きがいにしている裕福な老姉妹、マーサとアビー。世界大戦のさなか、牧師も警官たちも若い姪のカップルも施しを求める人たちも、レース地の衣装で優雅に暮らす二人への賛美を忘れない。ところが、一夜の宿を求めてきた身よりのない老人が、居間で急死してしまった。幸せな死の訪れを見て、姉妹は、孤独な老人に死を与えるのは善意の施しの一端だと信じる。二人は、訪れてくる孤老に毒薬入りのワインを振る舞い、次々に地下に埋葬する。当人たちに悪事を犯している自覚がないのだが、これがどうバレるか。

ホンモノの殺人犯が死体を持ち込んで来たり、自分が大統領と信じている狂人が現れたり、舞台はブラック・コメディの展開である。ゾッとするけど笑ってしまう。恐怖を身上とするミステリと、笑いの喜劇は一見対照的だが、日常からは離れた舞台や登場人物の特異なキャラクターが作品の魅力となる共通点もあって、意外に親和性は強い。

ＮＬＴ初演は主演の老嬢二人を主宰の賀原夏子と劇団民藝の北林谷栄の老名優の顔合わせで上演した。劇団ＮＬＴは以降、レパートリーとして何度も上演、八九年上演で芸術祭賞も受賞している。最近はプロダクション制作の上演もあり、さまざまな女優が取り組んでいるが、ブラックという点ではどこまでも大真面目に演じた賀原・北林の組み合わせが一番だったのではないだろうか。その後はどんどんコメディ色が強くなっていく。コロナ騒ぎで中止になった松竹公演（2020）は改めて二三年正月公演に延期、老嬢二人は久本雅美と藤原紀香だった。映画向きに脚色された往年のモノクロ映画（フランク・キャプラ監督〈1944〉）が廉価版のＤＶＤで出ている。

「罠」（1960）
ロベール・トマ作（"Piege pour un homme seul" Robert Thomas〈英題 Man Trap〉）。和田誠一・訳／小林泰衛・演出（テアトル・エコー・公演〈1962〉）、飯沢匡・演出（東京放送劇団・公演〈1961〉）。

（戯曲は「今日のフランス演劇」第三巻　収載）

舞台はアルプスを望む山荘の一室。新婚旅行中の若い男が、新婚の妻がちょっとしたいさかいの後、失踪したと不安に駆られている。捜索を依頼した地元の警察がやってくるが、頼りにならない。そこへ教会の牧師が失踪した妻を発見したと連れてくる。だが、その妻を名乗る女は男にとっては見知らぬ別人だった。しかし、聞いてみると、女は新婚旅行中の二人しか知らない細かな出来事を知っている。警察は、実はよくある新婚男女間のトラブルと見て腰が引ける。観客にはどちらの言い分が真実なのかわからないまま、新婚の夫婦は一夜を過ごすことになる。警察はどちらを信用すべきなのか？　どちらかが嘘をついているとすれば、どんな目的があるのか？

観客もこの奇妙な成り行きに翻弄される。誰の言うことを信じて芝居を見ていけば良いのか。作者は、観客にあたえられる謎のポイントを巧妙にずらしていく。そのずれが次のサスペンスを呼ぶ。どんでん返しに次ぐどんでん返しである。登場人物の組み合わせがうまい。日本でも初演以来、松竹、最近の日本テレビ（2016）、俳優座プロデュース（2018, 2022）など多くの舞台が上演されてきた。

初見なら、みな騙されるに違いないよくできたフーダニット劇のないものねだりをすれば、犯罪の実態が平凡だという事だろう。しかし、初演以来六十年、捜査方法も近代化して、いまは現実的には不可能になってしまった古風なミステリ劇が、虚実の駆け引きだけを軸に現在もなお上演が続くというのは、優れた「フーダニット劇」の証しと言っていい。トマには、よく上演される「八人の女たち」というフーダニット劇もあるが、出来は断然「罠」がいい。

「暗くなるまで待って」(1966)
フレデリック・ノット・作(‘Wait until dark’ Frederick Knott)。日本初演(1975)、飜訳・小田島雄志/演出・浅利慶太・宮島春彦(四季・西武劇場提携公演)。(戯曲・訳・浅田寛厚〈1987〉)

サスペンスは、窮地に陥った美女を配すると最も効果が上がる、という説がある。
ニューヨークの半地下のアパートの一室。事故で突然視覚障碍になった若妻が、出張中の夫を待って不自由な生活をしている。その夫の留守を狙って、麻薬密輸の悪党どもがアパートの家探しをたくらむ。夫がそれと知らず前の出張で土産にと持ち帰った人形の中に海外の悪党仲間が誤って麻薬を仕込んだことが分かったからである。出入り口が一つしかない半地下のアパートで、二フロア上に住む女の子の助けを借りながら、目が不自由な若妻と、麻薬を仕込んだ人形を探す悪党どもとの攻防である。暗くなってしまえば、同じ闇の世界で視覚障碍者にも勝機がある。美女は悪党どもの魔手から逃げきれるか?

ヘップバーンの最後の主演作の映画が先に公開されたから、日本の劇場版は分が悪かった。初演の主演は影万里江だった。「オンディーヌ」主演の可憐な美女も残念ながら線が細い。しかし世紀の美女もスクリーンから去って時がたち、世紀も変わって、逆境にめげず戦う女性、というキャラが歓迎される時代になって、タカラヅカ出身の女優によって、しばしば再演される演目になった。

蛇足を加えると、暗闇、は劇場ならではの特性を巧みに利用した設定で、次の「スルース」の作者アンソニー・シァファーの弟、ピーター・シァファーは「ブラック・コメディ」(1965)という作品で、暗闇のシーンを照明のもとで、逆に明るいシーンを暗闇で、という劇場のみが可能な設定でドラマにしている。(日本初演・劇団四季〈1970〉。その後何度か再演された。戯曲は米村晰・訳)

「探偵―スルース」(1970)
アンソニー・シァファー・作("Sleuth" Anthony Shaffer)。日本初演(1973)倉橋健・訳/浅利慶太・演出(西武劇場・劇団四季提携公演)。(上演台本が雑誌「テアトロ」〈1973年10月号〉に掲載されている)

登場人物が二人だけ、というのは究極のミステリだろう。どちらが犯人か、二択で観客に挑戦するフーダニット。

　ロンドン郊外の豪邸に住む初老のミステリ作家の家に、呼び出されてやってきたのは作家の妻の愛人で旅行会社を営む若い男である。自分にも情婦がいる作家は二人の関係を認めるが、交換条件を持ちだす。妻は浪費家で、いずれ若い男の手には負えなくなるだろうが、二度と戻って来られたくはない、自宅から五千万円相当の宝石を盗みだして逃げてくれ、アムステルダムの故買屋も紹介する。強盗に盗まれたとなれば、作家には保険金が入るし、男は妻と宝石を手に入れて海外へ行けばいい。お互いのためだ、と迫る。説得されて、条件をのんだ若い男は強盗に扮し、宝石を盗み出そうとする。そこで、作家は態度を豹変、ピストルを手に男を追い詰め、銃声とともに若い男は階段を落ちる。ここまでが一幕。

　二幕、二日後、作家のもとを、刑事が訪れる。この家で銃声が聞こえ事件があったと近隣の噂になっている、と言う。事情を知りすぎている刑事に作家は不審感を持つ。

　刑事は死んだはずの若い男の変装で、逆襲に出たのだ。ここから、作家と若い男とのアクロバット的な攻守逆転のバトルが繰り広げられる。アクション入りなので、ハラハラしながら見てしまう。

　この戯曲には、ミステリ小説のファンが喜びそうなミステリの名作のトリックについての蘊蓄が台詞の随所に組み込まれているが、最近の上演はサスペンス重視で、ほとんどその部分はカットされている。ミステリ小説ファンには残念なところだ。

四季の初演では、田中明夫の作家に若い男は北大路欣也。以後さまざまな俳優たちがこの二役を演じているが、それぞれに柄と技術の見せ場がある。記憶では、何演目かで日下武史が作家を演じたのが印象に残っている。演じる役者も楽しそうだ。このミステリの裏では作家の浪費癖のある若い本妻と、対照的に地味なフィンランド女の情婦、という二人の女がドラマを動かしているが、彼女たちが全く出てこないのも洒落た作りだ。

この作品以降、二人だけのミステリ劇は何作か試みられ、例えば、スティーヴン・キングの小説の劇化「ミザリー」（日本初演〈2005〉・シアターアプル）や、国産ではひねった喜劇に仕立てた「笑の大学」（作・三谷幸喜〈1996〉）などの秀作を生んだ。

「死の罠」（1978）
アイラ・レビン作　（"Death Trap" Ira Levin ）。日本初演（1985）吉田美枝・訳／五社英雄・演出（パルコ劇場）。（映画化もされ日本でも公開されているが、戯曲翻訳は出版されていないようだ）
この芝居の工夫は、芝居の中に芝居が入れ子細工になっているところだ。
ニューヨーク郊外の田舎町。さっぱりヒット作が出なくなって学校の教師の方が仕事になっている劇作家の家の居間が舞台である。折しも、迎えた久々の新作の初日。だが、またしても不評。若い妻に慰められながら机の上の生徒から送られてきた戯曲を読んでみると、これがなかなかの出来。自作より、これを頂いてしまおうと作家は妻の協力を得て、言葉巧みに学生を呼び出し、係累がないことを確かめたうえで絞殺して庭に埋めてしまう。ところが、これが実は別の狙いの犯行で……。

と、筋書きそのものが入れ替わってしまうところが面白いし、思わぬ展開でドキッとさせるのもうまいのだが、最後のオチまで行くにはかなり無理がある。フーダニットの趣向もやりつくした感じである。しかし、話が平易だからよく上演される（2009, 2018）。作者、アイラ・レビンはミステリ小説でデビューしている。処女作「死の接吻」（1953）は若いころ読んで感心した青春ミステリだ。この小説でも視点が変わっていく手法を使っている。得意な手は芝居になっても変わらない。英米では、この作者やクリスティのように小説も戯曲もヒットするミステリ作家がいるが、日本ではいまのところあまり例がない。

以上「フーダニット劇」五作。（注2）

いずれも、それぞれの奇怪な謎も観客の意表を突く事件の展開もよくできていて楽しめる「ミステリ演劇」である。

ミステリ小説の醍醐味はなんと言っても犯人捜しにあって、読者の楽しみは作家が仕掛けたさまざまなブラフやレッド・ヘリングを見破っていかに真犯人を看破するか？　という点にある。この作家vs読者の対決を公平なものにするために「犯人は物語の冒頭から登場していなくてはならない」「探偵方法に超自然能力を用いてはならない」をはじめとして探偵小説のルールを定めた「ノックスの十戒」や「ヴァンダインの二十則」などのルールまである。それはそれで、読書の楽しみに違いないが、演劇の場合は、さまざまなレベルの観客が一斉に同じ舞台を目の前で見ている。しかも、劇場の中で進む時間は同時である。同じミステリでも読書の楽しみと観劇の楽しみとは違う。小説の脚色で舞台でも成功した作品が少ないのは原点で違いがあるからでもある。

ここであげたのは欧米でロングランになったヒット作品ばかりなので映画化もされているが、やはりこれは舞台で見てこそ面白い作品群である。しかし、完成度が高く、面白ければ面白いほど、どうしてもここが行き止まりの到達点という感じがぬぐえない。

「スルース」は二度も映画化されているが二度目の映画用脚本はノーベル賞作家のハロルド・ピンターである。そのピンターも「スルース」の映画用脚色では、フーダニット劇の遊戯性から出ようとして、工夫しているが、成功しているとは言えない。フーダニット劇の謎解きの構造は見かけよりも強靭である。

日本の作品がないではないか、というご意見もあるだろう。もちろん、フーダニット劇を試みた作品もなくはない。井上ひさしの初期の作品「日本人のへそ」（テアトル・エコー初演〈1969〉）は前半はミュージカル仕立ての殺人劇、後半はその謎ときという趣向である。はっきりミステリ劇として書いた「キネマの天地」（松竹・初演・日生劇場〈1986〉）もあるが滅多に上演されない。三谷幸喜には「不信」（2017）という初演のままになっているミステリ劇がある。もったいない。岩松了の舞台は、ほとんどの作品が看板に、犯人あて、謎解き劇と言っていないが、構造としてはミステリ劇だ。北村想もよくミステリを下敷きにする。演劇もミステリも心得ている劇作家たちだが、よく知っているだけに、新しい趣向を凝らさなければ、と苦闘の跡が見える。何度も再演されるようなフーダニット劇を書くのはなかなか難しい。

ミステリ小説で演劇の世界、劇場や俳優たちを舞台にすることはよくある。有名作品では、マイクル・イネスの「ハムレット復讐せよ」、戸板康二の「団十郎殺人事件」、最近では永井紗耶子「木挽町のあだ討ち」は江戸時代の芝居小屋の内外が活写されている証言ミステリで、直木賞を受賞した。他にも芝居が小説にとり入れられた例はあるが、日本ではミステリ小説の作家が戯曲を書く機会は少ない。それは、観客や読者には見えないが小説と戯曲では、その商業化（つまり、売れるようにする）のプロセスが全く違うからでもある。現在のメディア状況の中で、二つのメディア（出版と興行）を乗り切るには一人の作家個人の手には余る。

よほど有能なプロモーターが必要になる。

フーダニット劇はミステリ小説の犯人あての面白さを、舞台で見せる独特のジャンルとして二十世紀中葉に欧米で脚光を浴びたが、戦争で紹介にブランクのあった日本では、演劇のジャンルとして「フーダニット劇」が定着する間もなく、ミステリの境界を越えて現代演劇に氾濫していった。ミステリの殺人現場の向こうには、犯人あてを超える大きな可能性を秘めた演劇の沃野があることに演劇人たちが気付いたのだ。

そのきっかけとなったのは、現実の社会の不条理を描いた不条理劇の誕生である。ともにここまでのミステリ劇が目を瞑ってきた世界だった。気が付いてみれば、フーダニットの結末を明かすことのよしあしは、どうでもいいことになってしまっていた。二十世紀の後半、大きく動いた戦後の社会とともに、演劇も、ミステリも、大きく変貌する。

注1　西武劇場（現パルコ劇場）は開館当初から四季との提携公演でサスペンスシリーズとして翻訳ミステリ劇の上演に取り組み、年に一作、二、三週間上演した。このシリーズは作品選択もよく、「スルース」（A・シァファー、1973, 1974）、「暗くなるまで待って」（フレデリック・ノット、1975）、「殺人狂」（P・シァファー、1976）、話題になった岸恵子主演、市川崑演出の「検事側の証人・情婦」（クリスティ、1980）と続き、さらに「ねずみとり」（1982）、「デ

ス・トラップ（死の罠）」（A・レビン、1985）、「罠」（トマ、1985, 1986）「コープス！」（G・ムーン、1987）、「陽気な幽霊」（N・カワード、1988）と続いた。

洒落た都市文化としての「ミステリ劇」が世に広く認識されたのは、ほぼ毎年、ファンがつくようになるまで十五年続いたこのシリーズ公演の功績であるが、ロンドンの場合と違い「ねずみとり」が格別貢献したわけではない。九〇年代になると、ニール・サイモンの喜劇、「真夜中のパーティ」のようなアメリカ現代劇。福田陽一郎の「ショーガール」の大成功を経て世紀末には三谷幸喜作品の上演へと路線は変わっていき、同じ都市演劇を志したシアターコクーンとの間に渋谷決戦が始まった。両軍の弾丸の一つとして時に「ミステリ劇」も取り上げられたが、決定打になるような上演にはならなかった。

注2　ミステリ小説の読者の間ではランキング作りが盛んで、毎年、ジャンル別にいくつものベストテンが発表されるし、通年のベスト作品ランキングもことあるごとに試みられる。「ミステリ劇」はジャンルとして比較的明確にできるところから、英米でも七〇年代からしきりにランキングが行われた。ここに上げた五作はどのランキングでも入っているが、このほか、欧米でランキングされている作品で、日本でも上演された作品や映画で知られている作品を挙げると、

「危険な曲がり角」B・プリーストリ（1932）（訳・内村直也　現代世界戯曲全集5、白水社）
「夜が私を待っている」作・エムリン・ウィリアムス（1936）、（2016日本初演）
「ガス燈」P.Hamilton（1938）（米題・Angel Street　二度映画化）
「ダイヤルMを廻せ」フレデリック・ノット（1953）。ヒッチコックにより映画化。
「悪い種子」M・アンダースン、原作・ウイリアム・マーチ（1954）（原作翻訳・北村太郎。早川書房〈1956〉）。映画あり。
「コープス！」ジェラルド・ムーン（1983）。完全犯罪のコメディ。
「The 39 Steps」ジョン・バッカン原作（1915）。ヒッチコック映画（1935）からパトリック・バーロウ戯曲（2005）（日本初演・2010, 2014〈銀河劇場〉）。四人の俳優が全登場人物と、小道具まで演じる。

おおむねこのあたりが米英でミステリ劇秀作にランクされている作品のようである。中には、犯罪や謎解きを素材とした英米現代劇（例えば、「十二人の怒れる男」や、マクドナーの「Pillow man」）も含めているランキングもあるし、最後の二作品は、謎解きもあるが舞台の趣向の面白さが主眼になっている。ここでは狭い意味でのフーダニット作品とされている作品をまとめた。

（“Best mystery and whodunit crime play of English”1971年版 Stanley Richards　選

'Best classic mystery and suspense plays of the modern theatre' (1973) Stanley Richards 選

"10 plays you'll die for" (by Robert Viagas) PLAYBILL (2015)

"11Murder Mystery Plays That You Will Love"Stacy Karyn (2018) による)

5　名探偵に難題

一座に君臨し、観客の視線を一身に浴びる舞台の主役は、興行成績も左右する重要な存在だ。市民の楽しむ演劇のヒーローの座に、白面の王子や鋼鉄の騎士に並んで「名探偵」がつくには、ミステリの誕生からも少し時間がかかった。

新キャラクターの「名探偵」は主役を無事に張れるのか？

小説に「名探偵」を登場させ、ミステリの祖となった、エドガー・アラン・ポーですら、超人的な新キャラクター「名探偵」の存在を読者に信じてもらえないのではないかと、まず、物語のはじめに、デュパンの数々の実績を並べることから書き始めている（「モルグ街の殺人」〈1841〉）。名探偵が余人の及ばぬ洞察力と、意表を突く捜査法と推理で、不可能犯罪の謎を解き、意外な犯人像を指摘する。傍らには常識人のパートナー。以後連綿と続く名探偵活躍の「探偵小説」のフォーマットがここに始まった。

幸い、時代は名探偵を後押しした。名探偵は王や国家の後ろ盾もなく、市井の市民の一人として、公平な証拠にもとづいて犯人を捜し出す。民主主義社会のヒーローでもあった。十九世紀末、雑誌、新聞は多くの大衆に読まれるようになり、掲載された名探偵活躍のミステリは市井の話題になり、たちまち、犯罪劇の芝居にもなった。

約四十年後、このフォーマットと名探偵のキャラクターはコナン・ドイルに受け継がれ、シャーロック・ホームズが誕生する。世紀が変わると、ホームズは小説にとどまらず、「名探偵」の代表的なキャラクターになっていく。ラジオ、シリーズ映画、テレビの連続ドラマ、など、新時代のメディアにも乗って、名探偵の物語は爆発的に広がった。

ホームズの追従者の名探偵も、エルキュール・ポワロ、ドルーリー・レーン、ブラウン神父、ヘンリー・メルヴィル卿、フィロ・ヴァンスなどの超人的洞察力のキャラクターに加え、時代の要請に応じて、サム・スペード、メグレ警視と現実の町中で活躍する新しい市民探偵のキャラクターが次々に現れた。

その名探偵列伝の中でトップスターは二十一世紀の今もなお、シャーロック・ホームズだ。誕生以来百五十年のメディアの変遷にめげず、それぞれのメディアによるアダプテーションを乗り切って、現代も名探偵ヒーローのキャラクターとして不動の地位を保っている。もちろんそれは、演劇の舞台でも変わらない。

かつて、ロンドンで、「The secret of Sherlock Holmes」（作・ジェレミー・ポール、1988）という舞台を見たことがある。原作の雰囲気をよく伝えていると評判がよかったテレビシリーズ（グラナダ・テレビ制作、日本でもＮＨＫで放送された）のホームズ役者、ジェレミー・ブレットとワトソン役のエドワード・ハードウイックの二人だけの舞台である。ベーカー街のホームズの診察室だけのセットで、二人が、過去の冒険の数々を語り合う。テレビ版脚本も書いた作者は、舞台で派手な捕り物劇にしては勝負にならない、人気のある二人を、原作を生かしながら見せるしか手はない、と腹をくくった戯曲だった。この公演はロンドンで一年ほどロングランの後、半年、地方を回って、人気者をナマで見せる「実演」という演劇興行の王道を歩んで成功した。

その後、イギリスでは二〇一〇年にベネディクト・カンバーバッチ主演の特撮満載のテレビ・シリーズ「シャーロック」（ＢＢＣ制作）が話題になったが、舞台で、シャーロック・ホームズが主役の新作が当たったという話は聞こえてこない。

しかし、日本では、いまも小劇場、ミュージカル、2・5ディメンション、朗読の会に至るまで、よくシャーロック・ホームズが登場する。名探偵が数々いる中で、ほとんどホームズの一人勝ちである。その役割は、人間性やリアリティを求めず、黒いコートにメガネ、懐に拡大鏡、

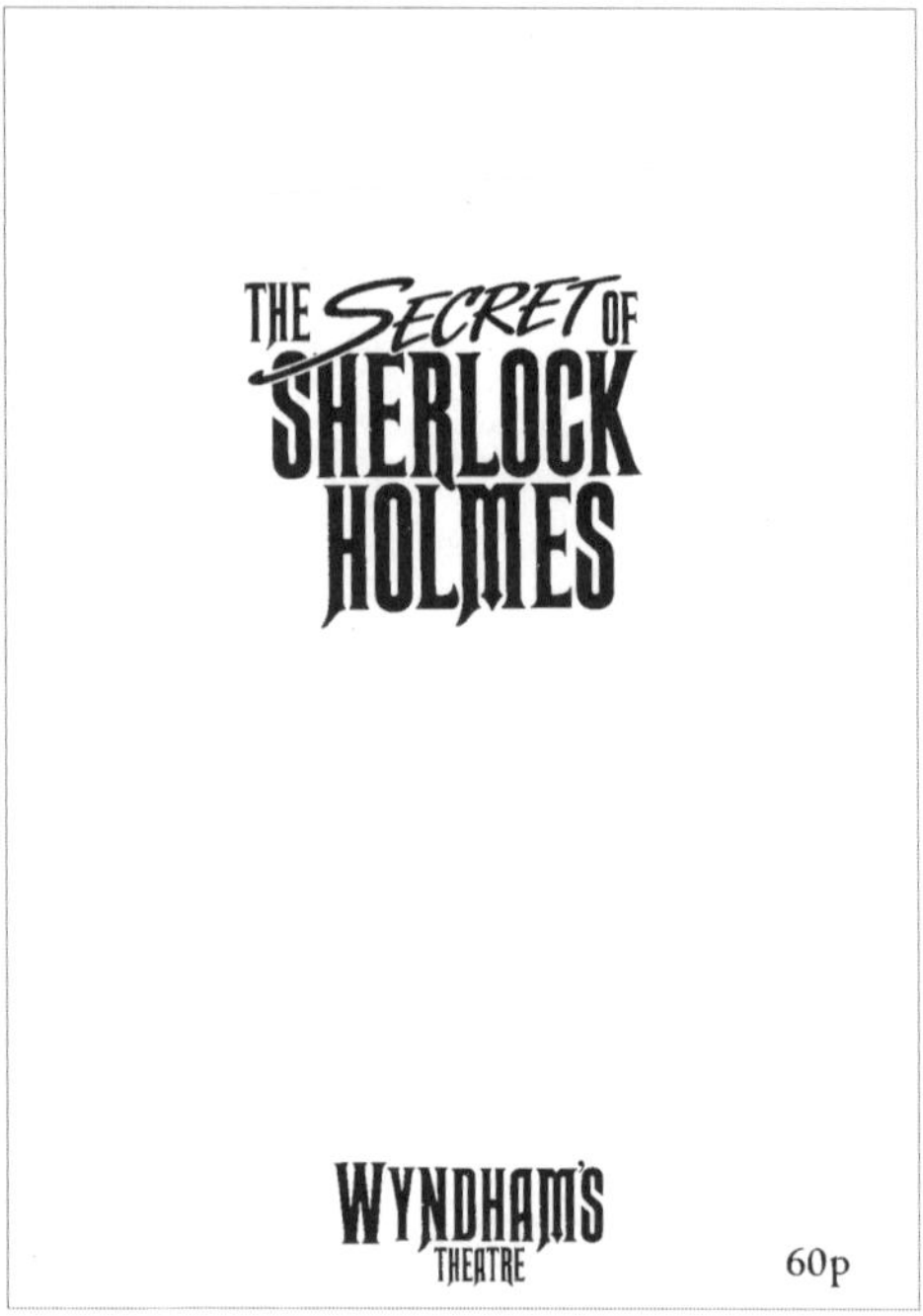

「The Secret of sherlock Holmes」
Wyndham's theatre（1988）のパンフレット

ウィンダム劇場（ロンドン）「シャーロック・ホームズの秘密」

というお馴染の出で立ちで、芝居のミステリに有無を言わせず解決を与え、幕を引く全能キャラクターである。

登場人物としてドイルが書いた「名探偵」ホームズは、時代を経るにしたがって原作から次第に離れ、「名探偵」のキャラクターとして一般名詞のように使われるようになった。こうなると、舞台の上でホームズに、一人の登場人物として人間的なリアリティを持たせるのはなかなかの難題になる。

三谷幸喜、かねてミステリ好きを公言し、自作でも著名作品の脚色でもミステリ作品を成功させてきた、現在日本の演劇界で最も人気のある劇作家がシャーロック・ホームズが登場する舞台の新作を書くことになった。

「愛と哀しみのシャーロック・ホームズ」(2019)。発表されたのは今までのホームズものらしからぬ情緒的なタイトルだった。素材は名探偵ホームズ誕生譚。今までほとんど取り上げられなかった素材である。

時代はドイルの原作を踏まえた十九世紀末のロンドン。二七歳のホームズが、相棒ワトソンと探偵の仕事を始める前の前日譚である。ドイルのホームズ原作の設定を織り込みながら、劇中で四つの事件が解決される。最初に持ち込まれる事件は、ホームズ自身の兄弟の物語と重なってくる。兄の住まいが劇場の多いコヴェント・ガーデンだとか、売れない女優を使っての芝居仕掛けとか、芝居好きも喜びそうな設定の第一幕である。若い女優がシェイクスピア劇で振られた自分の端役の部分だけやって見せるところなど、バックステージものの空気も取り込んでうまいものだ。なるほど、芝居とミステリは、読者・観客にトリックを仕掛けるという点で共通点が多いと納得する。もともと、三谷の芝居は非常にミステリに馴染みやすい。「不信」のようなミステリを表に出した作品でも、「笑の大学」のような喜劇作品でも、物語そのものにトリックが仕掛けてある。

二幕は、シャーロック・ホームズが兄との葛藤を経てワトソンと探偵業を始めることを決意するまで。ここで兄弟の対決をカードのゲームで見せるが、ここはさすがに苦しい。カードは舞台で見せる小道具としては小さすぎるのだ。本格ミステリの劇化で、トリックや証拠品を見せる時にも同じようなことがネックになる。だが、その二幕でも、ミステリらしく、事件の解決では、思いがけない犯人が指摘される。最後は、ドイル原作のホームズ登場の第一作「緋色の研究」につながって大団円になる。珍しく舞台に幕が下りる二幕構成で、幕を使うという些細な劇場らしさが芝居の設定の時代に似合っている。

脚本は架空の人物であるホームズの生いたちを読み込んで、そこに新しい事件を

「愛と哀しみのシャーロックホームズ」のパンフレット

「The Spare」は、英国王子の暴露本が出る遙か以前に、この劇につけられた副題だが、内容にも沿っていてうまいものだ。背景は見にくいが当時のロンドンの地図。

作ってミステリならではの面白さを引き出している。ここに登場するのは「名探偵」になる以前のホームズで、まだ将来の決まらない三十歳前の利発な兄頼りの青年が、探偵の役割も果たす。それがのちの「名探偵」ホームズほど嘘っぽくない。観客も乗れる日常生活の延長線上にドラマが進行する。シャーロッキアンのような物知りファンだけでなく、誰もが面白く見られたのは、ここでホームズ「青年」の人間的なリアリティを確保したところが大きい。三谷版のホームズは、超人的な「名探偵」キャラクターを舞台でリアルに見せる難しさを巧みに回避して、モラトリアム時代の若者ドラマにして成功した。ひねって見れば、超人「名探偵」の活躍を期待した観客は作者に見事に出し抜かれたのだ。

劇場は世田谷パブリックシアター、大きめの中劇場での初演は三十公演を超えたが、それでもチケットは取りにくかった。追加公演も出たし関西、地方でも上演した。大当たりであった。

名探偵を実在する人物として舞台で活躍させるのは、現代ではかなり難しい。今ならむしろアミューズメント・パークのアトラクション向きの素材だ。イギリスでもカンバーバッチが出れば「シャーロック」を舞台化できるかもしれないが、よほど大掛かりな仕掛けがないとテレビを見た客は満足しないだろう。カンバーバッチはいい俳優で、「フランケンシュタイン」（メアリー・シェリー・脚本／ダニー・ボイル・演出、NT、〈2011〉）を劇場ライブ（2015）で見た。博士と怪物を日替わりで演じる公演で、幅の広い演技力が求められる。人間の深みも、超人的なキャラクターも舞台で演じられる実力のある俳優だ。しかし、シャーロックのように特撮を頼りに演じる超人名探偵ホームズは、実力俳優にとってはそれほどおいしい役とは思えない。

現代社会に登場する名探偵のキャラクターにリアリティをもたせるには、もう、巷の警察官でも、裏町の探偵でも難しい。そういうキャラクターが実在しないことを観客が知ってしまっている時代なのだ。そうなるといかに小説で知名度の高い既存の探偵を引っ張り出してきても、なかなか舞台を仕切る役は務まらない。「名探偵」も苦境に立つ。

テレビで毎週観客の茶の間に現れる探偵と違って、劇場の舞台では、名探偵の出番は年を経るごとに苦しくなっている。舞台の上の殺人現場は名探偵にとっても、また、劇作家にとっても、その活躍の成功を保証するユートピアではなくなったのだ。

名探偵の苦境は、敵役の「怪盗」にとっても同じである。舞台の上で破戒の悪行の数々を生身の人間がやって見せる芝居は、ピカレスク小説や泥棒綺譚の延長線上にも、古典劇のシェイクスピアにも歌舞伎にもある。怖いもの見たさ、に応じる悪い奴は「浜の真砂は尽きるとも、世に盗人の種は尽きまじ」（「楼門五三桐」石川五右衛門の台詞）。「怪盗」は「名探偵」の好敵手となって、ミステリを引き立たせてくれる重要なキャラクターだ。

「名探偵」が、犯罪を糺し、正義を担う狭い役柄なのに比べると、「怪盗」の方はしたい放題、必ず滅ぼされる損な役割ながら、自由奔放が許される。作品のテーマも、名探偵に乗せるより敵役の方が乗せやすい。敵役がキまるかどうかで「名探偵」の活躍の評価が大いに違う。

「名探偵」対「怪盗」の大顔合わせは、かつてはミステリ演劇の華でもあった。

「黒蜥蜴」（1934）は、乱歩唯一の女賊モノ。この作品を原作に戯曲を書いた三島由紀夫は、宝石泥棒、変装、化身、籠脱けトリック、剝製恐怖美術館など大時代的な探偵趣味の大衆小説を、追われる黒蜥蜴と、追う探偵明智小五郎の倒錯した恋を軸に「嘘八百の裏にきらめく真実もある」（三島）大劇場向きの耽美的なスター芝居に仕立て直した（1961初演）。

原作は深夜のナイトクラブにヒロインが颯爽と現れるクリスマスイブからはじまるが、三島戯曲は夜の河を見下ろすホテルの一室でヒロインが美しいものへの執着を語る長い独白から始まる。三島独特の、レトリックの多い言い回しで、観客を悪の耽美の舞台に引きずり込んでしまう。戯曲の「黒蜥蜴」は、登場人物の名前と事件のあらすじは原作をもとにしているが、台詞となると、原作小説の会話からは全くと言っていいほどとっていない。

幕開きの三島一流の絢爛たる台詞……

細川夫人（実ハ黒蜥蜴）　私が考える世界では、宝石も小鳥と一緒に空を飛び、ライオンが絨毯の上を悠々と歩き、きれいな人たちだけは決して年を取らず、国宝の壺と黄色い魔法瓶が入れ替わり、世界中のピストルが鴉の群れのように飛び集まって空はそのために暗くなる。稲光と花火、お祭りの群集、新聞記者たちの万年筆は自分から叫びだし、溢れこぼれて、白いワイシャツの胸を真青に染めてしまう。その時にお触れが出るの。私が女王になるというお触れが……

気恥ずかしいが、声に出して読んでみると、言葉で場面が立ち上がることがよくわかる。「黒蜥蜴」にはこういう長台詞がいくつもある。明智小五郎にも娘役の岩瀬早苗にもある。台詞の喚起するイメージで「名探偵・明智小五郎」と「怪盗・黒蜥蜴」の犯罪と恋のたてひきの世界を塗りこめていく。

追い詰められた黒蜥蜴対明智のクライマックス。

黒蜥蜴　捕まったから死ぬのではないわ、あなたに何もかも聞かれたから……。
明智　真実を聞くのは一番辛かった。僕はそういうことに馴れていない。
黒蜥蜴　男のなかで一番卑怯なあなた、これ以上見事に女心を踏みにじることはできないわ。

明智　すまなかった。……しかし仕方がない。あなたは女賊で、僕は探偵だ。

黒蜥蜴　でも心の世界では、あなたが泥棒で、私が探偵だったわ。あなたはとっくに盗んでいた。私はあなたの心を探したわ。でもやっとつかまえてみれば冷たい石ころのようなものだと分かったの。

明智　僕にはわかったよ、君の心は本物の宝石、本物のダイヤだ、と。

黒蜥蜴　それを知られたら、私はおしまいだわ。

乱歩の作品の中でもそれほど評価が高いわけでもない「黒蜥蜴」を舞台化するにあたっては三島にもそれなりの成算があった。この大味な素材を「美的恐怖恋愛劇」として大劇場の出し物にするには、歌舞伎調にするしかない。嘘の世界を成り立たせる歌舞伎の名せりふに匹敵する台詞。舞台に出ただけで観客が納得してしまう名題役者、スター。絢爛豪華な衣装や美術。

三島は新派で上演されることを前提に、演劇としての「黒蜥蜴」を作り上げた。だから、生半可なリアリズムや、地や柄が頼りの俳優ではこの台詞は舞台で空転してしまう。しかも三島の台詞は古典のような様式性があって、台詞を言うのは一筋縄ではいかない。そこで、俳優の存在そのものが役であるようなカリスマ的な役者が必要になる。名前だけで客がイメージできるスター俳優が「黒蜥蜴」でなければこの戯曲は成立しない。

黒蜥蜴は初演の水谷八重子（初代）に始まり、坂東玉三郎や小川真由美なども演じているが、最後に持ち役にしたのは一九六八年から半世紀近く演じ続けた美輪明宏。戦後社会の底辺から現れ、どこかいかがわしさとともにスターであり続けた美輪明宏にはハマりの適役であった（二〇一五年、新国立劇場中劇場で最終公演）。五十年も前に三島由紀夫が自らこの舞台を評して「いま流行のアングラ劇のハシリ」と言ったのは慧眼だった。

乱歩も三島も、まさか没後五十年も上演されているとは思いもしなかっただろう。観客のなかには二度三度と劇場に足を運んだ人も多い。そういう「芝居」らしい面白さを堪能させてくれる舞台だ。

「名探偵」対「怪盗」の物語は演劇の持つ武器を駆使して耽美的な世界を創り上げた「黒蜥蜴」で一つの頂点を示したともいえよう。

しかし、「名探偵」や「怪盗」が舞台の喝采に包まれている間に時代はどんどん変わっていく。ミステリの悪役も、モリアーティ教授とか怪盗ルパンのような「悪党」キャラクターから、街の中に潜む現実的な悪へ、さらに家庭の中や、単純な男女関係のような小さくリアルな個人や、翻って、テクノロジー時代の未知の巨大な組織の意志へと広がっていく。

ミステリ小説では、時代が下るにしたがって、巨大な悪役が登場する。技術や宗教で世界制覇をたくらむとか、宇宙を支配するとか、筆力があれば書けるし、映画ならCGを駆使すれば見せることもできる。しかし、演劇は舞台の空間に等身大の人間を登場させてリアルな世界を作りださなければならない大きな制約がある。

演劇では、「名探偵」も「怪盗」も、時代の推移の中で、いつの間にか、裸舞台にポツンと残されることに怯えなければならなくなっていった。

6　現実はハードボイルド

クリスティより少し遅れて時代の脚光を浴びた女流劇作家がいる。アメリカの劇作家、リリアン・ヘルマン（1905～1984）。生意気な小娘と南部の貴婦人をまぜあわせたような奔放な性格（『眠れない時代』解説・ギャリー・ウィンズ）で、社会問題にも発言を続け、女性が数少なかった時代のアメリカ演劇界のスターとして生涯を終えた。同時に、リリアン・ヘルマンは、ミステリファンにはおなじみの作家ダシール・ハメットのパートナーとしても知られている。

ハリウッドで劇作家を志していた二四歳のヘルマンと、「マルタの鷹」で人気絶頂だった三六歳のハメット、ローリング・トゥエンティズの申し子のようなカップルが乱痴気騒ぎの酒の席で出会ったのは、一九三〇年。ヘルマンはハメットの助言よろしきを得て「子供の時間」（1934）で華々しくデビュー。続く「小狐たち」で女流劇作家としての地位を固めていくが、ハメットは小説を書かなくなっていく。最後の長編は「影なき男」（1933）。以後、ハメットはヘルマンの傍らにあって、芝居の展開の示唆を与え、台詞を直し、戯曲の完成に力を尽くすことになる。飲んだくれの三十男が、勝ち気で利発な若い女の才能の開花にのめりこむ。なかなかいい話である。目ざといアメリカ映画の製作者は見逃さない。ヘルマン晩年のエッセイを原作にした「ジュリア」（フレッド・ジンネマン監督、1977）はアメリカ映画らしからぬ渋いタッチで一九三〇年代のアメリカを描いてアカデミー賞を三部門で受賞した。

一九三〇年代の十年、繁栄を続けてきたアメリカも大きく変わっている。大恐慌を経験しても次の展望が見いだせないまま、中立主義を守る保守的な社会。海の向こうではナチス・ドイツのファシズムがヨーロッパを席巻し、さらにその先のロシアでは革命を成し遂げたソビエト連邦が初の共産主義国家を着々と築いている。

アメリカは傍観者でいいのか。ハメットは新しい時代を求めて、社会主義に傾斜し、ヘルマンはモスクワの演劇祭の招きをきっかけに、ナチス・ドイツ、ソ連、内戦のスペインへと動乱直前のヨーロッパへ長い旅をする。この旅が映画「ジュリア」の素材になっている。

ヘルマンは、この時期の体験をもとに戯曲も書いている。

「ラインの監視」（1942）。芝居はブロードウェイでヒットし、後に、ハメットが映画脚本を書いて映画にもなっている（1943）。第二次大戦真っただ中だ。

「ラインの監視」のパンフレット
東京芸術座（1963）、劇団昴（2015）
パンフレットの表紙にも時代と作品の関係がうかがえる

舞台は、首都郊外の、一見、そういうキナ臭い時代の空気には超然として、執事、女中に囲まれ、未婚の長男と暮らす裕福な初老の未亡人ファニーの家の居間。この家には激動のヨーロッパでは生き辛くなった正体不明のルーマニア貴族夫婦が居候をしている。そこに、ドイツ人の職工クルトと結婚してヨーロッパで暮らしていた長女サラが、夫と三人の子供を連れて二十年ぶりに帰郷してくる。

初めて会う孫たちに無邪気に大喜びの一家だが、ヨーロッパからの二組の過客の素性が明らかになっていくにつれて、舞台は緊張感をはらんでいく。クルトは反ナチズムの地下運動家で、アメリカに来たのは活動資金調達のためだった。その秘密を嗅ぎ付けたルーマニア貴族が、情報をドイツ大使館に売ろうとする。舞台は家庭劇から急転して、密告の攻防を巡るサスペンス劇になる。

平穏なアメリカの生活にも、ファシズムの危機が忍び寄っている。遂には殺人にまで発展するクルトの決断を巡って、アメリカ社会の「自由」と「独立」のモラルが問われる。

演劇では、時に、時代の転換期に直面した人々の、次の時代への予感と不安を閉じ込めたような舞台が現れることがある。ロシアなら「桜の園」、日本なら「女の一生」とか。「ラインの監視」も登場人物が人間的に繊細に設定されていて、この微妙な変革期のアメリカを活写している。輝ける時代のアメリカの一家庭を舞台にしながら、世界の覇権をめぐる暗い謀略が殺人に至るリアルなサスペンスドラマだ。

日本では、この戯曲が、敗戦後一年もたたない混乱期に、最新のアメリカ演劇として真っ先に翻訳上演された（帝国劇場〈1946年6月〉、訳・演出・村山知義。戯曲は『リリアン・ヘルマン戯曲集』小田島雄志・訳に収載）。占領軍GHQの指示だったのだろうが、劇団は前進座、河原崎長十郎が主役、敵役が中村翫右衛門。見てはいないが、当時の批評から推察すると、さぞや大仰な壮士芝居の舞台だったに違いない。「新劇」ですら近代劇のリアリズムを消化しきれないうちに戦争を迎え、情報は途絶していた。観客の入りはものすごく悪かったという。ハメット脚本の映画版（DVDが出ている）もほぼ同時に公開された。戯曲は、その後も、七十年代までは左翼系大劇団だった東京芸術座でよく上演されていた（東京芸術座〈1963, 1966, 1977〉ほかに劇団阿香車も）。これは見ているが、当時の日本から見てまぶしい豊かさの中にあったアメリカの資産家の家庭と、反ナチの資金提供の地下運動に挺身する者とのドラマが実感としてつかめなかった。両者の葛藤はアメリカではリアルであっただろうが、まだ戦後を引きずっていた昭和三、四十年代の日本ではわからない。左翼宣伝劇としても、スパイものの戦意高揚劇としても腑に落ちなかった。

世紀も変わって二〇一四年、文学座系の昴が、小さな劇場で上演した公演（小田島雄志・

訳／原田一樹・演出／座・高円寺2）は、遠いヨーロッパの政治が、アメリカでさまざまな立場に生きる人々の信念と行動をあぶりだす誠実な家庭劇に収まっていた。その過程はサスペンスドラマ風ではあるが、根底にはアメリカ人の日々を生きていく切実な選択の物語がある。戦後七十年、世界の先進国の一端として世界につながるようになった日本で、ようやく戯曲の本来の姿が見えてきた。

戯曲のリアルを問うということは難しいものだ。作る人も、観客も時代とともに変わり、見る場所も変わるからだ。ハメットはヘルマンに助け舟は出したが、自分では遂に戯曲は書かなかった。ハードボイルド小説の非情の世界を演劇に埋め込む難しさを感じていたのかもしれない。

リリアン・ヘルマンも一翼を担ったこの時期のアメリカ現代演劇は、テネシー・ウィリアムズ、アーサー・ミラーなど今もしばしば上演される作家たちの作品で活況を呈する。そこにはそれまでのヨーロッパ社会とは異質なアメリカの資本主義社会の現実に生きる人間と生活が描かれていた。世界大戦が西側の勝利に終わった後、アメリカのリアリズム演劇の世界は現代劇の主流の一つになって世界に広がっていく。その源流は、十九世紀末、現代演劇の父と言われたノルウェイの劇作家ヘンリック・イプセンにあった。舞台には、現実の社会に

鳥影社出版案内

2023

イラスト／奥村かよこ

*新刊・話題作

くたかけ

小池昌代

（週刊読書人等で紹介）

海辺の町に暮らす三世代の女たち。一家にからみつく奇妙な男。男の持ち込んだ三羽の鶏。彼は宗教者か犯罪者か……。 2200円

百歳の陽気なおばあちゃんが人生でつかんだ言葉

佐藤洋二郎

百歳を超えた今でも認知症にもならず健康を保ち続けるおばあちゃんの人生の経験から生まれた21の言葉を収録。 1540円

紅色のあじさい 津村節子 自選作品集

（読売新聞で紹介）

津村節子

「季刊文科」に掲載されたエッセイを中心に、大河内昭爾との対談、自身の半生を語った中沢けいとの対談なども収録。 1980円

笙野頼子発禁小説集

（東京新聞、週刊新潮、婦人画報等で紹介）（2刷）

笙野頼子

多くの校閲を経て現行法遵守の下で書かれた難病、貧乏、裁判、糾弾の身辺報告。文芸誌掲載作を中心に再構築。 2200円

長期化・重症化させない！

新型コロナ後遺症に向き合う

邦和病院 和田邦雄／中川学

コロナ後遺症1500人以上の患者を直接診療治療してきた、第一線の医師による本質に迫る待望の一冊。 2150円

古代史サイエンス

DNAとAIから縄文人、邪馬台国、日本書紀、万世一系の謎に迫る

金澤正由樹

最新のゲノム、AI解析により古代史研究に革命が起こる！ ゲノム解析にAIを活用した著者の英語論文を巻末に収録。 1650円

犬とブルース

Sentimental Blues Boy

大木トオル 著／小梶勝男 編

アメリカに唯ひとり戦いを挑んだ伝説のミスターイエローブルース。読売新聞『時代の証言者』好評連載の自叙伝を書籍化。 1980円

親子の手帖〈増補版〉

鳥羽和久

（初版4刷、増補版2刷）

増補にあたり村井理子さんの解説と新項目を追加収録。全体の改訂も行った待望のリニューアル版。奥貫薫さん推薦。 1540円

マリーア・ズィビラ・メーリアン

スリナム産昆虫変態図譜1726年版

岡田朝雄・奥本大三郎 訳 白石雄治・製作総指揮

A3判・上製 世界限定600部 3万5200円

愛知ふるさと素描

河村アキラ

『名古屋ふるさと素描』に、新たに40枚を追加。愛知県内各地に残されたニッポンの消えゆく庶民の原風景を描く。

1980円

純文学宣言

季刊文科25〜94

（61より各1650円）

〈編集委員〉伊藤氏貴、勝又浩、佐藤洋二郎、富岡幸一郎、中沢けい、松本徹、津村節子

【文学の本質を次世代に伝え、かつ純文学の孤塁を守りつつ、文学の復権を目指す文芸誌】

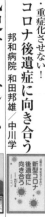

新訳金瓶梅 上巻・中巻（全三巻予定）
田中智行訳（朝日・中日新聞他で紹介）

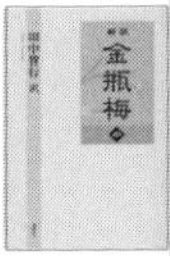

三国志などと並び四大奇書の一つとされる、金瓶梅。そのイメージを刷新する翻訳に挑んだ意欲作。詳細な訳註も。 各3850円

小竜の国 ―亭林鎮は大騒ぎ
韓寒著 柏葉海人訳

中国のベストセラー作家にしてマルチに活躍する韓寒の第6作。上海・亭林鎮を舞台にカワサキゼファーが疾走する！ 1980円

スモッグの雲
イタロ・カルヴィーノ著 柘植由紀美訳

樹上を軽やかに渡り歩く「ペンのリス」、カルヴィーノの一九五〇年代の模索がここにも。他に掌篇四篇併載。 1980円

キングオブハート
G・ワイン・ミラー著 田中裕史訳

心臓外科の黎明期を描いた、ノンフィクション。彼らは憎悪と恐怖の中、未知の領域へ挑んでいった。 1980円

藤本卓教育論集 〈教育〉〈学習〉〈生活指導〉
藤本 卓

子どもは、大人に教育されるだけでは育たない。筆者の遺した長年の研究による教育哲学の結晶がここにある。 3960円

アナイス・ニンとの対話 ―インタビュー集―
アナイス・ニン研究会訳

男性をまきこむ解放、男性と戦わない解放、男性を愛して共闘する解放を強調したアメリカ作家のインタビュー集。 1980円

日本の臨床現場で専門医が創る
図解 精神療法
広岡清伸

心の病の発症過程から回復過程、最新の精神療法を、医師自らが手がけたイラストとともに解説する。A4カラー・460頁。 13200円

アルザスワイン街道 ―お気に入りの蔵をめぐる旅―
森本育子（2刷）

アルザスを知らないなんて！ フランスの魅力はなんといっても豊かな地方のバリエーションにつきる。 1980円

ヨーゼフ・ロート小説集
平田達治 佐藤康彦 訳

第一巻 優等生、バルバラ、立身出世 サヴォイホテル、曇った鏡 他
第二巻 ヨブ・ある平凡な男のロマン タラバス・この世の客
第三巻 殺人者の告白、偽りの分銅・計量検査官の物語、美の勝利
第四巻 皇帝廟、千二夜物語、レヴィアタン（珊瑚商人譚）
別 巻 ラデッキー行進曲（2860円）
四六判・上製／平均480頁 4070円

カフカ、ベンヤミン、ムージルから現代作家にいたるまで大きな影響をあたえる。

ローベルト・ヴァルザー作品集
新本史斉／若林恵／F・ヒンターエーダー＝エムデ 訳

1 タンナー兄弟姉妹
2 助手
3 長編小説と散文集
4 散文小品集Ⅰ
5 盗賊／散文小品集Ⅱ
四六判、上製／各巻2860円

詩人の生 新本史斉訳（1870円）
絵画の前で 若林恵訳（1870円）
微笑む言葉、舞い落ちる散文 新本史斉著
ローベルト・ヴァルザー論（2420円）

＊歴史

善光寺と諏訪大社 神仏習合の時空間

長尾 晃

一五〇年ぶりの同年開催となった善光寺「御開帳」と諏訪大社「御柱祭」。知られざる関係と神秘の歴史に迫る。　1760円

小説木戸孝允 上・下 ―愛と憂国の生涯―

中尾實信（2刷）

西郷、大久保が躊躇した文明開化と封建制打破を成就し、四民平等の近代国家を目指した木戸孝允の生涯を描く大作。　3850円

太郎と弥九郎

飯沼青山

江川太郎左衛門と斎藤弥九郎、激動の時代を切り開いたふたりの奮闘を描く、迫真の歴史小説！　2200円

五島列島沖合に海没処分された潜水艦24艦の全貌

浦 環（二刷出来）

日本船舶海洋工学会賞受賞。実物から受けるオーラは、記念碑から受けるオーラとは違う。実物を見よう！　3080円

幕末の大砲、海を渡る ―長州砲探訪記―

郡司 健（日経新聞で紹介）

連合艦隊に接収され世界各地に散らばった長州砲を追い求め、世界を探訪。二〇年にわたる研究の成果とは。　2420円

民族学・考古学の目で感じる世界 ―イスラエルの自然、人、遺跡、宗教―

平川敬治

民族学・考古学の遺跡発掘調査のため、約40年間イスラエルと関わってきた著者が見て感じた、彼の地の自然と文化が織りなす世界。1980円

天皇の秘宝 ―さまよえる三種神器・神璽の秘密―

深田浩市

二千年の時を超えて初めて明かされる「三種神器の勾玉」衝撃の事実！　日本国家の祖、真の皇祖の姿とは!!　1650円

西行 わが心の行方

松本 徹（二刷出来）（毎日新聞で紹介）

季刊文科で「物語のトポス西行随歩」として十五回にわたり連載された西行ゆかりの地を巡り論じた評論的随筆作品。　1760円

浦賀与力中島三郎助伝 木村紀八郎
幕末という岐路に先見と至誠をもって生き抜いた最後の武士の初の本格評伝。　2420円

軍艦奉行木村摂津守伝 木村紀八郎
若くして名利を求めず隠居、福沢諭吉が終生敬愛したというサムライの生涯。　2420円

新版 日蓮の思想と生涯 須田晴夫
日蓮が生きた時代状況と、思想の展開を総合的に考察。日蓮仏法の案内書！　3850円

フランク人の事蹟 第一回十字軍年代記
丑田弘忍訳　第一次十字軍に実際に参加した三人の年代記作家による異なる視点の記録。　3080円

大村益次郎伝 木村紀八郎
長州征討、戊辰戦争で長州軍を率いて幕府軍を撃破した天才軍略家の生涯を描く。　2420円

魚食から文化を知る ―ユダヤ教、キリスト教、イスラム文化と日本　平川敬治
日本に馴染み深い魚食から世界を考察。1980円

天皇家の卑弥呼（三刷）深田浩市
倭国大乱は皇位継承戦争だった!!　文献や科学調査から卑弥呼擁立の理由が明らかに。1650円

古事記新解釈 南九州方言で読み解く神代
飯野武夫／飯野布志夫 編　『古事記』上巻は南九州の方言で読み解ける。　5280円

Y字橋 （日経新聞・東京・中日新聞、週刊新潮等で紹介）
佐藤洋二郎

各文芸誌に掲載された6作品を収録した至極の作品集。これこそが大人の小説。小説家・藤沢周氏推薦。
1760円

地蔵千年、花百年 （3刷）
柴田 翔 （読売新聞・サンデー毎日で紹介）

芥川賞受賞『されど われらが日々―』から約半世紀。約30年ぶりの新作長編小説。戦後からの時空と永遠を描く。
1980円

空白の絵本 ―語り部の少年たち―
司 修 （東京新聞、週刊新潮ほかで紹介）

広島への原爆投下による孤児、そして「幽霊戸籍」。NHKドラマとして放映された作品を小説として新たに描く。
1870円

結交姉妹
村上政彦 （毎日新聞で紹介）

季刊文科連載作が待望の単行本化。女性たちだけの秘密の世界、女書文字をめぐる物語。
1760円

出 来 事 （2刷）
吉村萬壱 （朝日新聞・時事通信ほかで紹介）

季刊文科62～77号連載「転落」の単行本化芥川賞作家・吉村萬壱が放つ、不穏なるホンモノとニセモノの世界。
1870円

そして、ニューヨーク【私が愛した文学の街】
鈴木ふさ子 （産経新聞で紹介）（2刷）

この街を愛した者たちだけに与えられる特権それは〝魅力の秘密〟を語ること。文学、映画ほか、その魅力を語る。
2090円

創作入門―小説は誰でも書ける
小説を驚くほどよくする方法
奥野忠昭

長年の創作経験と指導経験に基づくその創作理論を、実例を示すことで実践的でかつ分かりやすく提示。ベテランにもお勧め。
1980円

評伝 小川国夫 ―至近距離から
山本恵一郎

小川国夫との五十年に及ぶ親交を「カミソリの刃のうえを歩くようなこと」と記す著者しか書き得ない、小川文学の根幹に迫る評伝。
1980円

「へうげもの」で話題の〝古田織部三部作〟
久野 治 （NHK、BS11など歴史番組に出演）

新訂 古田織部の世界　3080円
千利休から古田織部へ　2420円
改訂 古田織部とその周辺　3080円

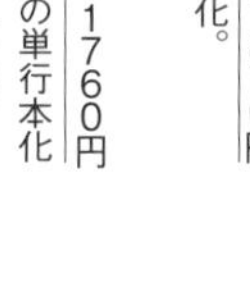

中上健次論〈全三巻〉 河中郁男
初期作品から晩年の未完作に至るまで、計一八〇〇頁超の壮大な論集。
各3520円

エロイ、エロイ、ラマ、サバクタニ
大鐘稔彦 信じていた神に裏切られた男は、プリマドンナを追い求めてさ迷う。
1540円

芸術に関する幻想 W・H・ヴァッケンローダー
毛利真実 訳 デューラーに対する敬虔、ラファエロ、ミケランジェロ、そして音楽。1650円

＊ドイツ語圏関係他

詩に映るゲーテの生涯〈改訂増補版〉
柴田 翔

小説を書きつつ、半世紀を越えてゲーテを読みつづけてきた著者が描く、彼の詩の魅惑と謎。その生涯の豊かさ。 1650円

ペーター・フーヘルの世界—その人生と作品
斉藤寿雄 （週刊読書人で紹介）

旧東ドイツの代表的詩人の困難に満ちたその生涯を紹介し、作品解釈をつけ、主要な詩の翻訳をまとめた画期的書。 3080円

ヘーゲルのイエナ時代 完結編—『精神の現象学』の誕生—
松村健吾

『精神の現象学』の誕生を、初版に見られる8ヶ所の無意味な一行の空白を手がかりに読み解く。 6600円

リヒテンベルクの手帖
ゲオルク・クリストフ・リヒテンベルク著
吉用宣二訳

18世紀最大の「知の巨人」が残した記録、本邦初となる全訳完全版。I・II巻と索引の三分冊。 各8580円

光と影
ハイデガーが君の生と死を照らす！ 村瀬 亨

河合塾の人気講師によるハイデガー『存在と時間』論を軸とした、生と死について考えるための哲学入門書。 1650円

ニーベルンゲンの哀歌
岡崎忠弘 訳 （図書新聞で紹介）

『ニーベルンゲンの歌』の激越な特異性とその社会的位置を照射する続篇『哀歌』。待望の本邦初訳。 3080円

二〇一八改訂 黄金の星（ツァラトゥストラ）はこう語った
ニーチェ／小山修一 訳

詩人ニーチェの真意、健やかな喜びを伝える画期的全訳。ニーチェの真意に最も近い渾身の全訳。 3080円

グリム ドイツ伝説集〈新訳版〉
鍛治哲郎／桜沢正勝 訳

グリム兄弟の壮大なる企て。民族と歴史の襞に分け入る試行、完全新訳による585篇と関連地図を収録。 5940円

ゲーテ『悲劇ファウスト』を読みなおす 新妻 篤
ゲーテが約六〇年をかけて完成。著者が明かすファウスト論。 3080円

ギュンター・グラスの世界 依岡隆児
つねに実験的方法に挑み、政治と社会から関心を失わなかったノーベル賞作家を正面から論ずる。 3080円

グリムにおける魔女とユダヤ人 奈倉洋子
グリムのメルヒェン集と —メルヒェン・伝説・神話—
伝説集を中心にその変化の実態と意味を探る。 1650円

フリードリヒ・シラー美学＝倫理学用語辞典 序説
ヴェルンリ／馬上 徳 訳 難解なシラーの基本的用語を網羅し体系化をはかり明快な解釈をほどこし全思想を概観。 2640円

新ロビンソン物語 カンペ／田尻三千夫 訳
18世紀後半、教育の世紀に生まれた「ロビンソン・クルーソー」を上回るベストセラー。 2640円

東方ユダヤ人の歴史 ハウマン／平田達治・荒島浩雅 訳
その実態と成立の歴史的背景をこれほど見事に解き明かしている本はこれまでになかった。 2860円

ポーランド旅行 デーブリーン／岸本雅之 訳
長年にわたる他国の支配を脱し、独立国家の夢を果たしたポーランドのありのままの姿を探る。 2640円

東ドイツ文学小史 W・エメリヒ／津村正樹 監訳
神話化から歴史へ。一つの国家の終焉はその文学の終りを意味しない。 7590円

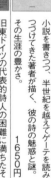

ジョージ・セル 音楽の生涯

マイケル・チャーリー 著／伊藤氏貴 訳（週刊読書人で紹介）

大指揮者ジョージ・セルの生涯。膨大な一次資料と関係者の生証言に基づく破格の評伝。音楽評論家・板倉重雄氏推薦。　4180円

塹壕の四週間 あるヴァイオリニストの従軍記

フリッツ・クライスラー著　伊藤氏貴訳

伝説のヴァイオリニストによる名著復活！　偉大な人格と情緒豊かな音楽に結びついた極限の従軍体験を読み解く。　1650円

オットー・クレンペラー　中島 仁

最晩年の芸術と魂の解放
—1967〜69年の音楽活動の検証を通じて—

20世紀の大指揮者クレンペラーの最晩年の姿を通して人間における音楽のもつ意味を浮かびあがらせる好著。　2365円

フランスの子どもの歌Ⅰ・Ⅱ 50選 —読む楽しみ—

三木原浩史・吉田正明（Ⅱより共著）

フランスに何百曲あるかわからない子どもの歌から50曲を収録。うたう・聴く楽しみとは、ひと味違う読んで楽しむ一冊。　各2200円

モリエール傑作戯曲選集 1〜4

柴田耕太郎訳

現代の読者に分かりやすく、また上演用の台本としても考え抜かれた、画期的新訳の完成。　各3080円

映画で楽しむ宇宙開発史

日達佳嗣（二刷出来）

映画から読み解く人類の宇宙への挑戦！　宇宙好き×映画好きが必ず楽しめる宇宙の映画を集めた一冊。　1980円

感動する、を考える

相良敦子

NHK朝ドラ（ウェルかめ）の脚本家による斬新な「感動」論。若松節朗監督、東大名誉教授竹内整一氏推薦。　1540円

雪が降るまえに

A・タルコフスキー／坂庭淳史訳（二刷出来）

詩人アルセニーの言葉の延長線上に拡がっていた世界こそ、息子アンドレイの映像作品の原風景そのものだった。　2090円

宮崎駿の時代 1941〜2008　久美 薫

宮崎アニメの物語構造と主題分析、マンガ史からアニメ技術史まで宮崎駿論一千枚。　1760円

ヴィスコンティ　若菜 薫

「郵便配達は二度ベルを鳴らす」から「イノセント」まで巨匠の映像美学に迫る。　2420円

ヴィスコンティⅡ　若菜 薫

高貴なる錯乱のイマージュ。「ベリッシマ」「白夜」「前金」「熊座の淡き星影」　2420円

アンゲロプロスの瞳　若菜 薫

『旅芸人の記録』の巨匠への壮麗なるオマージュ。（二刷出来）　3080円

ジャン・ルノワールの誘惑　若菜 薫

多彩多様な映像表現とその官能的で豊饒な映像世界を踏破する。　2420円

聖タルコフスキー　若菜 薫

「映像の詩人」アンドレイ・タルコフスキー。その全容に迫る。　2200円

永田キング　澤田隆治

今では誰も知らない幻の芸人の人物像に、放送界の名プロデューサーが迫る。　3080円

つげ義春を読め　清水 正

つげマンガ完全読本！　五〇編の謎をコマごとに解き明かす鮮烈批評。　5170円

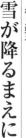

＊実用・ビジネス・ノンフィクションほか

経営という冒険を楽しもう 1〜5巻
仲村恵子

中小企業経営者が主人公の大人気のシリーズ。経営者たちは苦悩と葛藤を、仲間たちと乗り越えてゆく。 各1500円

一事入魂 増補版 なんとかせい！ 丸山清光
島岡御大の10の遺言

御大の下で主将・エースとして東京六大学野球の春秋連覇、神宮大会優勝を果たした著者が語る、その人物像と秘話。 1980円

Pythonで学ぶ
回路シミュレーションとモデリング 盛 健次 松澤 昭

Pythonを学ぶ人々へ向けて書かれたテキスト。学生および企業／法人の学習に最適なオールカラー588頁。 6160円

MATLABで学ぶ
回路シミュレーションとモデリング 盛 健次 松澤 昭

MATLAB/SIMULINKを学ぶ人々へ向けて書かれたテキスト。学生および企業／法人の学習に最適なオールカラー546頁。 6160円

コロナ後の
京都観光文化力ガイド

コロナ後の京都の文化力を紐解く必読本！本書の出会いは京都通の始まり！京都の中の京都がここにある！ 1980円

オートバイ地球ひとり旅
アメリカ大陸編・ヨーロッパ編・アフリカ編（全七巻予定）
松尾清晴

19年をかけ140ヵ国、39万キロをたったひとりで冒険・走破した〝地球人ライダー〟の記録。関野吉晴さん推薦。 各1760円

自律神経を整える食事
胃腸にやさしいディフェンシブフード（2刷出来）
松原秀樹

40年悩まされたアレルギーが治った！重度の冷え・だるさも消失した！ディフェンシブフードとは？ 1650円

アラビア語文法
コーランを読むために 田中博一

欧米式アラビア語学習法を取りながら、アラブ人の学ぶ文法学の解説も取り入れた画期的文法書。 4620円

心に触れるホームページをつくる 秋山典丈
従来のHP作成・SEO本とは一線を画しコンテンツの書き方に焦点を当てる。 1760円

開運虎の巻 街頭易者の独り言 天童春樹
三十余年六万人の鑑定実績。あなたと身内の運命と開運法をお話しします 1650円

成果主義人事制度をつくる 松本順市
30日でつくれる人事制度だから、業績向上が実現できる。（第11刷出来） 1760円

腹話術入門（第4刷出来） 花丘奈果
発声方法、台本づくり、手軽な人形作りまで一人で楽しく習得。台本も満載。 1980円

南京玉すだれ入門（2刷）花丘奈果
いつでも、どこでも、誰にでも、見て楽しく演じて楽しい元祖・大道芸を解説。 1760円

初心者のための蒸気タービン 山岡勝己
原理から応用、保守点検、今後へのヒントなどベテランにも役立つ。技術者必携。 3080円

現代アラビア語辞典 アラビア語日本語
田中博一／スバイハット レイス 監修
千頁を超える本邦初の本格的辞典。 11000円

現代日本語アラビア語辞典
田中博一／スバイハット レイス 監修
見出語約1万語、例文1万2千収録。 8800円

郵便はがき

料金受取人払郵便

諏訪支店承認

2253

差出有効期間
令和6年12月
18日まで有効

（切手不要）

3 9 2-8 7 9 0

〔受取人〕

長野県諏訪市四賀229-1

鳥影社編集室

愛読者係　行

ご住所　〒□□□-□□□□	
（フリガナ） お名前	
お電話番号	（　　　）　　-
ご職業・勤務先・学校名	
eメールアドレス	
お買い上げになった書店名	

鳥影社愛読者カード

このカードは出版の参考とさせていただきます。
皆様のご意見・ご感想をお聞かせください。

書名	

①本書をどこで知りましたか。

i．書店で　　iv．人にすすめられて
ii．広告で（　　）　v．DMで
iii．書評で（　　）　vi．その他（　　）

②本書・著者・小社へのご意見・ご感想等をお聞かせください。

③最近読んでよかったと思う本を教えてください。

④現在、どんな作家に興味をお持ちですか。

⑤現在、ご購読されている新聞・雑誌名

⑥今後、どのような本をお読みになりたいですか。

◇購入申込書◇

書名　　¥　　（　　）部

書名　　¥　　（　　）部

書名　　¥　　（　　）部

溢れている世間が眉を顰めるような身近な事件、妻の家出、不倫、兄弟の相克、自殺などが次々に取り上げられた。殺人現場もしばしば舞台に登場するようになる。実社会での生活や道義をリアルに直視し、殺人や犯罪の謎を解くことが社会や人間の真実に迫るカギになる。

アーサー・ミラーの出世作「みんな我が子」（1947）は日本では民藝初演（1970）以後、「セールスマンの死」ほどではないが上演される機会は多い。最近ではserial number〈2020〉、パルコ劇場〈2022〉。この作品では航空機の欠陥部品を製造した業者の社会的責任が問われるが、その過程では、経営者家族の一員で行方不明の次男の最期の謎が解き明かされる。

本格ミステリが、家庭や近隣の限られた世界のなかの犯人あてから、現実社会の犯罪や、社会問題なども取り込んで、多彩な現実社会を素材にするようになったように、現代演劇も素材を現実社会に求めるようになり、リアリズム演劇は世界を席巻する。その有力な題材として、ミステリと演劇は世界のさまざまな場所の殺人現場で交錯する。

まず、アメリカ。

リリアン・ヘルマンのデビュー作「子供の時間」（1934初演）は、現在も日本でよく上演される〈青年劇場〈2019〉、文化座〈2021〉〉アメリカ現代劇の代表作の一つである。

マーサとカレンは女学校の同窓生。自分たちの理想の学園を作ろうとマサチューセッツの農家を改造した寄宿学校を経営している。あずかっているのは十二歳から十四歳の少女たち、家族の中でも、同級生や先生に対しても、微妙に難しい年齢だ。その一人、メアリーはこの学校の後ろ盾となっているティルフォード夫人の姪である。彼女はちょっとした不満から、学校を抜け出し、叔母のもとへ行き、自分が見聞きした秘密を叔母に打ち明ける。

それは、マーサとカレンが深夜まで一つの部屋で話していて怪しげな声まで聞こえてくるというのだ。当時の社会では女性同士の同性愛は罪深い行為とされている。その「噂」は経営者である叔母からメアリーの母へ、さらに友人の保護者へと、二人が否定しても広がっていき、寄宿学校の退寮者が続く。ティルフォード夫人の甥、カーディンとカレンの婚約も危うくなる。

少女のまいた噂が小さな家族経営の寄宿学校を蝕んでいき、悲劇的な結末を迎えるまで、ドラマは冷静に事態を描いていくが、そこには噂に振り回されていく一つの集団のコワさがにじみ出てくる。初演から八十年以上も経つ今も、この戯曲の再演が続くのは、SNS時代になって、情報の真偽が社会にとって重要性が増した環境や、今も、ジェンダー問題は個人にとっても社会にとってもすっきりと解決されていない実情を反映しているからだろう。

この舞台のひとりの女性の死で問われるのは、世間の倫理、である。映画化されたこの作品の日本公開時のタイトル「噂の二人」はこの作品のテーマをよく言いえている。（アメリカ映画〈1961〉。ウイリアム・ワイラー監督、当時旬を迎えていたオードリー・ヘップバーン、シャーリー・マックレーンという二大女優の出演で評価も高かった。余談になるが、この時期の外国映画タイトルの翻訳には名訳が多い。クリスティの「検察側の証人」は原題のまま映画化されたが、日本では「情婦」とタイトルをつけて公開してヒットした。このタイトルはフランス映画の「肉体の冠」と並んで、下品訳の極み、と当時から悪評さくさくだったが、内容を的確に表した名訳でもある）

イギリス。

戦後の日本では、二人の英国の作家が広く読まれた。サマセット・モームと、グレアム・グリーン。年齢差は三十歳ほどあるが、二つの大戦の間に世界的なベストセラー作品を数多く書いたこと、スリルや、サスペンスを生むミステリの要素を作品で活用したこと、ともに、戦時には諜報活動の実体験があること、戯曲を手掛けたことがあること、など共通点がある。平明な英語で、戦後の大学の教養課程の英語ではよくリーダーに採用されてもいる。共に二十巻以上の翻訳の個人全集が日本で刊行されている。

モームの戯曲「手紙」（1927）は英米の「ミステリ劇傑作選」のようなリストにはよく入っている作品である。百年ほど前の実話を下敷きにした自らの短編（1926）を戯曲化した作品だ。

モームの代表作には外地を舞台にしている作品が多い。「手紙」の舞台は、英領植民地時代のマレーシア。小説では、弁護士ジョイスの視点から、植民地の農園で成功したロバーツ夫妻の事件が描かれる。主人のロバーツがシンガポールへ泊りがけで出かけている夜、妻のレズリーが、訪ねてきた隣の農園の主ハモンドを射殺した。レズリーは関係を迫るハモンドから身を守る正当防衛だったと主張してシンガポールで裁判になる。ハモンドは評判が悪く、一方のレズリーは良妻とされていたので、弁護士のジョイスは、レズリーの主張が認められ、無罪になると楽観していた。そのジョイスのもとに、現地人助手の見習い弁護士を通じて一通の手紙のコピーが届けられる。

それは、レズリーがハモンドにあてた手紙で、事件のあった当夜には夫はいないから夜十一時に、いつものように訪ねてくれ、という内容だった。その手紙の現物を持っているのは、ハモンドが長く関係を持っていた現地人の情婦で、その手紙に一万ドルの値をつける。

戯曲は小説と物語の組み立てが違っていて、戯曲は冒頭、レズリーがハモンドを射殺するシーンから始まる。弁護士の視点による状況説明から始まる小説と違い、幕開きからサスペンスがある倒叙ものにしている。

現地人から表に出た意外な証拠品、手紙で後半、入植者の人々の人間関係が大きく変っていく。登場人物は少ないのに、ドラマは攻守所を変えて舞台に動きとサスペンスがある。ストーリーテラーの名手、モームらしい戯曲だ。その後世界中に広がった植民地の中で孤立していくイギリスの姿が予感できるところも面白い。事件を裁いたと思っていた弁護士は、まんまと香港大学出身の現地人の見習い弁護士に裏をかかれるのだ。

モームの戯曲や原作の舞台化は戦後、民藝や俳優座など大劇団が何作も上演した。この戯曲もそこで見たと思いこんでいたが、それは原作を小説で読んでいたのと、植民地を舞台にした小説のの脚色上演と混同していたからだ。「手紙」は学校などの試演を除くと、上演されることなく、日本初演はつい最近である（劇団キンダースペース〈2020〉。演出・原田一樹、日本モーム協会のデータベースによる）。劇場も埼玉県川口市の小劇場で見逃している。この本で紹介したなかで唯一上演舞台を観ていない作品である。

一方、グレアム・グリーンのオリジナル戯曲は翻訳も上演もされていないようだ。しかし、定年退職した独身の元銀行員が、母の葬式で何年ぶりかで出会った強引な叔母に引きずられて、英国からヨーロッパ、さらに南米へと不思議な冒険と犯罪の旅をする長編「叔母との旅」（1969）の脚色上演（脚本・ジャイルズ・ハヴァガル〈1993〉）は男女二十役を超える登場人物と語り手を、男優四人だけで演じ切る、と言うアクロバチックな脚色の趣向が成功して、日本でも、演劇集団円、シス・カンパニー、加藤健一事務所と様々の座組で上演されてヒット作になっている。ミステリ、サスペンス、ユーモア満載の原作を演劇らしい手法で舞台に乗せたユニークな作品である。

フランス。

第二次大戦で形の上では勝ち組だが、戦場となり、戦後もアルジェリア戦争などで国の負った傷は大きかった。アルベール・カミュの「正義の人びと」(1949)は、戦後社会に生きる若者に大きな課題を突き付けた実存主義の政治劇として、日本でも学生運動が盛んだった時代に初演(1969)以来、今もことあるたびに再演されている。

専制政治下のロシアを舞台にした暗殺劇で、主の大公を爆弾で暗殺すると決めた社会主義政党の暗殺実行グループの暗殺前と、暗殺後の二幕である。社会の不正をただすためなら殺人は正義か、暗殺グループのメンバーの中でもさまざまな立場で議論が沸騰する。一方で、暗殺の実行の過程は刻々と知らされ、実行の時を迎える。二幕では捕らえられ死刑宣告を受けた爆弾投擲者の前に殺された大公の妃が現れ、自分の大公への愛はどうなるのだと、迫る。運動家で投擲者の恋人は、絞首刑になる恋人と同化して民衆への愛が達成できると言う。

七十年代には若者の行動の聖典とされていた作品を「ディスカッション・ドラマとしても、サスペンス・ドラマとしても、若者の愛のドラマとしてもよく出来ている」と言えば、不謹慎と言われるだろうし、哲学、演劇のみならず現代史の研究者の方からは顰蹙を買うだろうが、観客にとっては、終始明確に殺人現場がテーマになっている名作である。今も上演が続けられるのは、若者が社会への参加の意味を痛切に求めた時代が過ぎ去ったわけではないことの証左でもあるし、演劇らしいいい作品だからだ。

ドイツ。

戦いに敗れ、国は分割され、戦後の苦難は日本と生活苦と言う点では共通している。「貴婦人の来訪」（1956）はスイスのドイツ語作家デュレンマットによるミステリ味の濃い戯曲である。

若いころ、不良少女として街を出たクレアは都会で成功して今は億万長者として故郷の町・ギュレンに帰郷する。戦後の町は財政破綻し人々は絶望的な暮らしを強いられている。

かつて、クレアの恋人だったアルフレッドもそのひとりだ。町は億万長者の未亡人の帰郷に、経済的救済を期待している。だが、巨万の援助を約束したクレアは、その代わりにアルフレッドを生かしておかない、という条件をつける。若いころ、クレアは彼に手痛く裏切られ、街を追われた経緯があったからだ。既に新しい家庭を持っているアルフレッドにとっては青天の霹靂、市民もまさかの条件とは思うが、金の力には抗せない。次第にアルフレッドは街の中で孤立していく。

金か生命か。第二次大戦直後の混乱期に書かれた原作は、グロテスクな二者択一の身も蓋もない社会風刺劇だが、今も通じる現代の寓話劇になっていて、日本でも戯曲もミュージカル版もしばしば上演されてきた。最近の公演（戯曲版・2022）ではクレアを演じた秋山菜津子が「殺されたって死なないわ」と言うセリフを歌にして、舞台を圧倒した。

南米のチリ。

独裁政権が長く続き、今も政情不安の国だ。この国のように市民が国家権力の関連事件に巻き込まれる国家は少なくない。アリエル・ドーフマンの「死と乙女」（1991、ロンドンで初演）の舞台は、三十歳半ばの若い夫婦が暮らす海辺のフラットの一室。独裁政権下、学生運動に加わっていたポリーナは、かつての仲間であるジェラルドーと結婚している。しかし、ポリーナには、学生時代、特務機関に誘拐・監禁され、仲間についての情報を強要され、過酷な拷問を受けた心の傷がある。その拷問の時必ず流された音楽がシューベルトの「死と乙女」だった。それから十数年たち、ジェラルドーは、今は民主化された政権の中枢にあり、かつての独裁政権下の犯罪を裁く立場にいる。

ある夜、帰途、車が故障した夫が、医師ロベルトと名乗る男に送られてくる。そのロベルトの声を聞いたとき、ポリーナに、あの悪夢の記憶が突然よみがえる。その声はまさしく、「死と乙女」を聞かせながら、自分の肉体と精神を徹底的に蹂躪した男の声なのだ。記憶を頼りにポリーナの復讐が始まる。登場人物三人だけのミステリ劇の原型のような構造だ。俳優も演出も力量を試される。この作品は日本の新劇でも商業劇場でもしばしば上演される。

振り出しに戻って、二十世紀後半のアメリカ。東西冷戦とその崩壊を経て、アメリカ社会は大きな変貌を遂げている。

誰もが目指せるアメリカン・ドリーム実現の場であった家族の場はもう、芝生に囲まれた大地の上に立つ「家」ではない。「殺し屋ジョー」（作・トレイシー・レッツ。シカゴ・オフで初演〈1993〉。後にロンドン、ニューヨークでも一年程度のロングラン。映画化「キラー・スナイパー」〈2011〉。米で再演〈2018〉。日本では、訳・吉原豊司／演出・シライケイタ。劇団俳小が池袋の小劇場で初演〈2019〉）の舞台は、テキサス・ダラスのプアホワイトの住むトレーラーハウスである。

二二歳のドラッグ販売の下っ端のクリスの家族、離婚していて生活にだらしのない父、若い義母、二〇歳の妹がここに住んでいる。外で暮らしているクリスは、ドラッグの取引で仲間の口車に乗ってしくじり、卸元に六千ドルを支払わないと消されると、父親のもとに久しぶりに帰ってくる。

トレーラーを停めたパーキングに、雨が降る陰鬱な夜だ。

クリスはその金を作るために、離れて暮らす実母に保険をかけて、殺害し保険金を取ろうとたくらみ、殺しのために雇った殺し屋ジョーとここで会うことにしたのだ。殺し屋は、実は現職の警官でアルバイトに殺人を請け負っている。

殺し屋は、殺しを引き受けるには前金で二万五千ドル払えと、言うが、クリスにそんな金はない。殺し屋は、支払えないなら妹を担保に出せと要求、これで家族みなが計画を知ることになるが、ま、仕方がない、やるか、となる。ちょっと、ちょっと、と言いたくなるようなものすごい設定と展開なのだが、平然と話は進む。

殺伐としたトレーラーハウスのセットがよく出来ていて、こういう経緯が納得できる。殺し屋は妹と、たちまちベッドを共にすることになり、五人の奇妙な生活が始まる。やがて、約束通り家族の誰も知らぬうちに殺しは実行され、ある日ポリ袋に詰められた実母の死体がゴロンとキッチンに転がっている。スピーディに物語が展開する中で、プアホワイトの無気力な荒廃した生活ぶりが、むき出しのセックスや暴力と共に描かれる。同時にその中にも、僅かに親子、兄妹の情愛や、悪徳警官にも約束は守るという倫理性の片鱗は残っている。

さすがアメリカの戯曲だけあって、よく出来ていて、犯罪が犯罪を呼ぶ非情なミステリの展開に乗せられてしまう。同時に、プアホワイトの貧しい兄と妹の切ない青春物語でもあり、アルバイトに殺し屋もやるという悪徳警官ものの面白さもある。

なかでも、実母の葬儀の後、ハウスに戻ってきた一家が、ラジオからクラシック音楽が流れる中でジャンクフードの夕食を囲むシーンは現代の最後の晩餐のような趣で秀逸である。そのあと分け前をめぐっての盛大な殺し合いで、家族の崩壊が、動きの激しい舞台で演じられる。殺伐としたダラスのトレーラーハウスに現代社会を象徴する普遍の世界が現れる。

ハードボイルド小説は、映画化では成功した作品がいくつかあるが、舞台化ではこれという作品がない。

現代のハードボイルド小説の空気をまとった「殺し屋ジョー」を書いた劇作家のレッツは、十年後に「八月の家族たち」（2007）でピューリッツア賞やトニー賞を受け、今はアメリカ現代演劇を代表する劇作家の一人である。世紀が変わる頃のアメリカのストレートプレイ、サム・シェパードやマメットなどの作品には、犯罪や不慮の死の謎を解く筋立ての舞台が少なくない。


現実社会のリアルを突き詰めていくと、事実そのものに突き当たる。

二十世紀後半は、事実そのものを記録したノンフィクションが新しい文化ジャンルを開いた時代でもあった。文芸ではトルーマン・カポーティの「冷血」（1966）、佐木隆三の「復讐するは我にあり」(1971)。映画やテレビのドキュメンタリー作品が広い観客に受け入れられ、ミステリでは、ハードボイルド小説が向かったすぐ先にノンフィクションがあった。

日本に、世間を騒がせた周知の犯罪実録を素材に犯罪劇を作り続けた劇作家がいる。八十年代、山崎哲は、劇団転位・21を率いて、現実の事件を素材にした「犯罪フィールドノート」のシリーズを次々に発表した。

山崎哲が取り上げる犯罪は、ほとんどが、「猟奇事件」と言ってもいい特異な、しかし、時代相を鮮明に照射した事件であった。

一九八〇年劇団旗揚げの「うお傳説」は、立教大学の助教授が妊娠させた教え子の女子大生を殺害し、その発覚を恐れ一家心中した事件(1973)、次作の「漂流家族」(1981)はイエスの方船という宗教団体の主宰者に惹かれた信者たちが集団で家出して全国をさまよった事件(1978)を素材にしている(山崎哲はこの二作で岸田戯曲賞受賞〈1982〉)。その舞台はいずれも当時の小劇場で、限られたセットのなかで演じられた。事件は事件報道だけでなく、いわゆる社会ダネとして詳細な経過も知られていたが、山崎哲の戯曲は、事件の経過をドキュメンタリックに追ってもいないし、登場人物たちに個別の名前を与えてもいない。ミステリの素材としては事件発覚に至る経過にもドラマになるドキュメントがある立大事件も、ほとんどその事実経過は描いていない。登場人物の名前もなく主犯の助教授には「男」、女子大生には「若い女」妻には「女」。ほかの作品でもほとんど固有の名前は与えられず、男1とか男2とかの役名である。舞台に登場する犯罪に関係した人たちはごく普通のどこにでもいる人々で、劇では彼らの日常的な会話や行動が続いていく中で、犯罪が立ちあがってくる。見ていると、笑えるような日常の一コマが、わずかなきっかけで犯罪に向かって走り出す。そのきっかけになるのは、普段はどこにでもある小さな悪意だったり、埋もれている習俗だったり、過去の記憶だったりする。それらはすべて、気づかないだけで、犯罪と同じドキュメントだ、という視点が山崎哲作品の特色だ。危機をはらんだ日常性の積み重ねが破局に向かっていく舞台は独特の迫力を持っていた。

このシリーズには、必ず、追い込まれた主人公が遂に犯罪を犯すシーンがある。それはなにげない日常のシーンの中に突然現れる。

例えば、連続幼女誘拐殺人事件（宮崎勤事件）を素材にした「骨の鳴るお空」（1991）の殺人現場の場面。

姿が見えなくなった男3を探す家族たちの場面が、突然闇に暗転する。

大音響とともに下からの不気味なスポットライトを浴び、男3が、電気のこぎりを手に現れる。

彼の前の机には被害者の幼児が横たわり、いま彼は、その死体処理のために切断しようとしている。電気のこぎりの回転音。

小さな劇場内に「ギャッ」という女性観客の悲鳴があがり、男たちもどよめく。日常が、犯罪の場に突如反転し、想像を超える犯罪者はいつどこから現れるか解らない。

受験生が両親を撲殺した金属バット殺人事件、若い少女タレントの自殺事件、金取引の悪徳勧誘商法で財を成した社長殺人事件……。

「犯罪フィールド・ノート」は日本が大きな経済成長を達成していった時代の裏側で起こっていた犯罪事件を素材に、その時代の人と社会を活写した。一見、異様に見える事件も、ごく普通のこの社会の日々の日常につながっている。作者は日本社会の底辺に潜んでいる犯罪の構造に迫っていたが、事件そのものの解明や、ミステリの手法による謎ときにはほとんど関心がなかった。

二十世紀半ばを超えて、舞台の上の殺人現場は、同時代の現実社会に積極的に近づいて行った。舞台で犯罪がリアリティを持つためには、単に事実を再現したり、証拠を見せて推理して見せるだけでなく演劇ならではのリアリティを持たなければならない。元来、演劇にはホンモノは鬼門である。舞台の上で拳銃を打ち合うのも、死体を転がすのも、嘘に決まっている。演劇ならではの現実のリアルを舞台で持つにはどうすればいいか。

そこが現代劇の課題でもあり、現代のミステリ演劇の出発点でもあった。

BREAK

「怪談 牡丹灯籠」2017 年夏芝居〈オフィス・コットーネ

7　怪談

「怪談」はミステリではないという説がある。

時の鐘が陰に響くと、灯籠の灯が闇に浮かび、カランコロンと下駄の音……。

幽霊と、取引をした小悪党に支払いの百両が、天からバシャッと降ってくる……。

ともに「怪談牡丹燈籠」の見せ場だが、足がないはずの幽霊なのに下駄の音とは？

幽霊がくれたホンモノの小判が天から降るのはなぜ？

ミステリには合理的な解決が必要だが、怪談は合理的な解決がなくとも成立する。

しかし、多くの怪談には謎があり、正体不明のもの（多くは幽霊）に追われる恐怖やサスペンスがあり、何らかの解決もある。物語の構造はミステリに近い。

怪談が置かれている、ホラー、心理・恐怖・サスペンス、ダークファンタジー、伝承説話、の領域はミステリに非常に近い。ことに怪談劇では、観客の舞台のハラハラドキドキの体験がミステリ演劇と似ているので、同類と見てしまいがちだ。

「幽霊」が怪談のキーワードだという説もある。

怪談の幽霊は、いつどこで出るかわからない。どんな異形のものが現れるかわからない、出るときは不意打ち。怖い。怪談劇のかかっている劇場には独特の幽霊出現への期待がある。かつては、出れば、必ず、女性客の嬌声があがり、場内がどよめき、劇場は一体感に包まれた。つまり、怪談は演劇向きなのだ。古今東西、親しまれている怪談劇は多い。

だが、幽霊がでる「怪談」と「幽霊が出てくるドラマ」とは違う、という。怪談の幽霊は、世にあるべきでない異形のものが、実在の人間に祟りをする怖ろしい不可解な存在だが、キャラクターとして出てくるドラマの幽霊は、人格を持った役どころとして存在するもので不可解なコワさはない。確かにタイトルにもなっているイプセンの「幽霊」(1881)やノエル・カワードの「陽気な幽霊」(1941)、日本でも安部公房の「幽霊はここにいる」(1958)井上ひさしの「頭痛肩こり樋口一葉」(1984)など、幽霊は大活躍だが、その存在は不可解なものではなく、合理的存在だ。幽霊が出ていてもこれらの演劇は怪談劇とは言われない。

新進の劇作家・岡田利規は新作「未練の幽霊と怪物／挫波　敦賀」(KAAT・初演〈2021〉、読売文学賞)で、幽霊を活躍させている。作者は、幽霊と演劇は人類の偉大な発明品と評価したうえで、「私たち人間は自らの想像力を、幽霊というコンセプトに基づいて用いることによって、現在のこの時間を構成する要素の中に〈過去〉が必ず含まれている、という事実を感覚のレベルで確かめることができる。過去をこのような生々しい仕方で形象化できるというのはとても便利なことだ。もし幽霊が存在しないとすれば、それは現在というこの時制の中に過去など織り込まれていないということを意味する」（セゾン・ニュースレター viewpoint 2016）と言い、演劇の演出力がついてくるにしたがって、幽霊が体感できるようになった、と自己の体験を述べている。その結果を拝見に及ぶと……。

能舞台のような舞台と出入りの橋掛かりの平面図が白いマットで黒い床に置かれている。「未練の幽霊と怪物／挫波　敦賀」が上演された横浜のＫＡＡＴの大スタジオ。

白いマットの演技スペースを囲んで、正面奥に見慣れない伝統弦楽器を電子楽器につないだ楽器を演奏する奏者（音楽監督の内橋和久）。上手に謡手の七尾旅人。意表を突く鋭い弦の音が鳴り響いて第一部の「敦賀」が始まる。岡田利規の主宰する劇団チェルフィッチュ特有の演技で登場した旅人がさりげない現代の会話口調で敦賀をドライブした自分の体験を語りだす。旅人は敦賀のさびれた海辺で、永遠の循環を夢見ながら失敗した高速増殖炉（石橋静河）に出会う。

この舞台は、能の約束事を積極的に取り入れていて、ステージのセッティングだけでなく、物語のつくりも、ナレーションの音楽化も、第三の登場人物・聞き手の作り方も、人間ならぬ「もの」(この場合は高速増殖炉)に人格が与えられて登場人物になる手法も能・狂言の伝統を利用している。専門家が見れば、それだけ興味も深いだろうが、ごく普通の演劇の観客も、その約束でドラマの世界に入っていける。俳優の演技、セリフ、衣装、舞台の内容も様式も全く現代である。

ただ、登場人物は、第一部ではモノである「高速増殖炉」であり、第二部「挫波」で、建設中の国立競技場の周辺を散歩している男が出会うのは、斬新な設計をしながら、世俗的な理由から実現しなかったオリンピック国立競技場の設計者、オリンピック開催前に亡くなった故ザハ・バディッド(森山未來)である。高速増殖炉も国立競技場も人間の叡智を集めて実現を願ったモノではあるが、その夢はいまも人々の脳裏に残りながら葬られている。そして、その夢への思いは形のない「未練の幽霊と怪物」になって今の世にさまよい、廃墟や間に合わせの競技場となって立ちすくんでいる。現代を表現するのに、象徴的な二つのモノは極めて政治的な色彩を持つが、その背後には現代に生きる名もない人々の見果てぬ夢にも裏打ちされている。

「未練の幽霊と怪物」では、死んだ人々や、モノが、現代の俳優の姿を借りて、この世界の謎を解く。ヒトとモノで成り立っているこの世界を覆いつくす舞台がここに出現した。時宜を得た作品でもあった。

ミステリと怪談の境界線は幽霊の足さながら、闇の中にぼんやり浮かんでいる。しかし、怪談が新しい大衆文化から生まれた現代ミステリと違う確かな点は、岡田利規が指摘するように、怪談には長い過去の人間の営みの中で解明されていないさまざまな謎の集積を一身に背負った幽霊が登場するということだろう。

わが国では、いにしえから伝えられた怪談を一族の古老から縁台で聴くのは夏の夜の風物詩で、それを舞台に移した怪談劇もまた夏の定番の出し物だったが、いまや通年化して、いつでも見られる。ことに「牡丹燈籠」と「四谷怪談」は人気狂言で、大歌舞伎でも、現代劇の小劇場でもしばしば取り上げられ、そのたびに趣向も改まる。

「牡丹燈籠」は円朝の速記本（1884）をもとに、以後いろいろな作家が舞台に乗せているが、歌舞伎では河竹新七の「怪異談牡丹燈籠」（1892）がよく上演された。河竹本は原作の武家の仇討の始終と、幽霊とのかかわりを発端とする下男夫婦の世話物をないまぜにしている。新劇では、大西信行が文学座のために書いた「怪談牡丹燈籠」（1974、「大西信行第一戯曲集」収載）がある。大西本は、文学座の杉村春子にあてて、原作と先行戯曲から、幽霊のとりつく萩原家の仇討物語を大幅にカットして、欲につられて幽霊の上を行こうとした下男夫婦を軸にまとめている。これも新劇ながら大当たりで、公演を重ねている。初演の伴蔵は故・北村和夫、円朝は加藤武が演じている。円熟期の俳優陣で、文学座はこの演目で、東京では東横劇場のほか、伝統演劇しか上演しなかった国立劇場でも上演、その後地方も回って大興行になった。しかも、その後、この新劇の脚本は歌舞伎でも上演される珍しい例になった。

二〇一五年の大歌舞伎で、この本を坂東玉三郎が演出も引き受けて上演された。

冒頭短いシーンでお露とお米が新三郎のもとに通う大川の舟の場があるが、すぐ高座になる。原作を、円朝（市川猿之助）が語るという枠取りで、お露と武家の新三郎の関係が語られる。次の新三郎の家は、すでに幽霊になったお露とお米が訪ねてくるところから始まる。

有名な駒下駄の音のくだりも、新三郎にとりついているお露が幽霊と知れるところも、かつての大歌舞伎上演のように怪談調でなく、あっさりして、まるで怖くはない。客席が沸くのは、このあとの下男の伴蔵（市川中車、香川照之である）と女房・お峰（坂東玉三郎・お露と二役）が出てからで、この勝手放題の庶民的な小悪党夫婦の面白さでドラマがすすんでいく。幽霊のとりついた現場を覗いてその正体を握った伴蔵と、その話を聞いた女房のお峰は幽霊の弱みに付け込んで百両の金をゆすり、江戸を逐電しようとたくらむ。幽霊との交渉を伴蔵にそのかした挙句、自分は怖いから納戸の中で隠れている、あとはよろしく、とお峰が言うあたり、今にも通じる面白さで客席はよく笑う。幽霊の逢瀬に便宜を図るお札はがしも幽霊のコワさで引っ張ることなく、そのあとの幽霊との百両の受け渡しも天から、金貨が無造作に降ってくる。今風のドライなタッチで、話のテンポがいい。

話の主筋は、円朝のものだが、武家の仇討や伝統劇的な飾りを取り払ってみると、もうこれは現代劇だ。幽霊より人間の方がよほど怖いというドラマを、いまや女形の至宝、コメディエンヌとしても達者な玉三郎が、現代の空気を身にまとった中車を相手に、歌舞伎と新劇の上に今の観客が楽しめる現代の怪談劇を作り上げた。


怪談の幽霊はふつう怖いものとして出てくるが、今の世の中、幽霊だけなら、出てきても、とりつかれても、恐怖の実感はないという人が多いだろう。落語でも、面白いからとっつかまえてやろう、という噺があるくらいだから、ゾッとさせるには演劇的な恐怖の構造が要る。

錦糸町の小劇場、すみだパークスタジオ倉で上演された「怪談牡丹燈籠」(2017、制作・オフィス・コットーネ)は、もろもろの牡丹燈籠の種本や先行本から新しく編んだフジノサツコの脚本。演出は気鋭の森新太郎である。倉庫を改装した小劇場の舞台はノーセット。代わりに舞台の中心に軸柱を置き、舞台いっぱいに張った布のスクリーンが常にゆっくり回転している。これが回る間に表舞台で俳優が演技をする。半回転でワンシーンになる。こう書くと、せせこましいようだが、照明と、大道具操作（回転係）の息が演技とうまくあって、見たことのない抽象舞台を作り出した。ゆっくり廻るスクリーンの奥の裏舞台へ俳優が去って照明が薄くなっていくとまるで幽霊が闇に溶けるように見えなくなる。キャスト全員が現代の衣装でも違和感がない。これはやはり大道具を回転するスクリーン一つにした大技がこの「因果は巡る小車」の怪談話に似合ったことが大きい。

フジノ本はコワそうなところは全部やっちゃえ、と多彩な原作のエピソードを次々に取り込んでいる。それを生かしたのは独立制作者らしい異色のキャスティングだ。八十年代後半から現在までの小劇場の役者を、初期の東京ヴォードヴィルショーの花王おさむから、最新のチョコレートケーキの西尾友樹まで、遊眠社あり、つかこうへいあり、道学先生にテアトル・エコー、シャンプーハットと、いわば、独立路線を歩んだ小劇場劇団出身者を一劇団ひとりずつそろえ、それに大歌舞伎・高麗屋の松本紀保を加えた小劇場アウトローの大一座である。彼らをまとめた森新太郎の演出力もある。

こういう舞台に出会うと、先の岡田利規の、演劇と幽霊に親和力があるのは、現代のあらゆる事象が過去を引きずっているからだ、という説は当たっているかもと、観客は納得する。満席続きでぜひ再演をという舞台だったが、小屋や座組から見ると再演はまず難しいだろう。

こういうところが、演劇ならではの、見逃せばおしまいの一期一会である。

海外でも、ホラーや伝奇小説は、よく読まれている。怪談もある。しかし、読書のように個人的な場でなく、他人が隣の客席にいる劇場で、恐怖を浸透させるのは、どこの国でも難しくなった。それに現代は、昔のように幽霊をはじめ、不可解な恐怖をもたらす柳の木や人魂、化け猫のような定番のコワいものがない。我が国では新作の怪談話はなかなか成功しないが、イギリスはいまなおこのジャンルに強い。ヒット作品がある。

「ウーマン・イン・ブラック」（原作・スーザン・ヒル『黒衣の女』、脚本・スティーブン・マラトレット／演出・ロビン・ハーフォード〈1987〉）はロンドンで大当たり、初演以来クリスティの「マウストラップ」に次ぐロングラン記録を追っている。日本でも、パルコ劇場で初演（1992）年以来、六回も再演し、ロンドンで日本人キャストの日本語公演（2008）まで行っている。七演目のパルコ劇場公演（2015）は出演者が代わって、岡田将生と勝村政信による上演だった。

冬になると濃い霧に包まれていた戦前のロンドン、若い弁護士のキップスは、事務所の所長から亡くなった孤独な老婦人の遺産整理のため、地方の葬儀に参列することを頼まれる。

7　怪談

その古い館は、僻地の広大な沼地のなかに、わずかに水上に出た土手道で村とつながる小さな島にある。海には霧が出て、満潮になるとその道も海底に沈む。陰鬱な佇まいの中に立つその館に、遺産整理のためひとり泊まりこむことになる。

怪談話にありがちな設定だが、原作は一九八三年刊行、劇化初演は八七年で意外に新しい。脚色者は、この古色蒼然の怪談を、出演者二人だけの戯曲に組みなおした。これがうまい。

舞台は、もう霧も出なくなった現代のロンドンから始まる。今は年老いた弁護士キップス（勝村政信）は若い時に幽霊に出会った恐怖の体験を世に残そうとしている。書くのではなく、実感を示すために劇にしたい。そのために、若い有能な演劇人（岡田将生）を、呼んで話を聞かせる。かつては幽霊を信じていなかった男が、現代の若者に幽霊の存在を語る過程を枠にして、巧みに怪談の世界に入っていく。語り手と聞き手の二人だけで演じながら物語が進む。「怪談牡丹燈籠」で、円朝が出て、物語を進めるように、舞台と怪談の間にある距離感がじわじわとなくなっていき、観客も話に引き込まれてしまう。

……底なし沼の先の古い館、開かずの部屋、荒れた墓地、夜更けに聞こえる揺り椅子のきしむ音、と普通なら引いてしまいそうな道具立てがホントにコワくなってくる。そして亡き子供の恨みを抱く黒衣の女の影が……。

芝居の枠取りが舞台化のために話すというところから始まって、小道具やドロップの使い方、音響効果（音楽は使われていない）など、練り上げられた戯曲と演出にこたえて、新キャストもすっきりと好演した。最後も舞台ならではのゾッとするオチだ。

「ウーマン・イン・ブラック」は、物語の結末も人物関係も合理的に説明され切ってはいないのだが、観客は感情で納得する。小説のように、前のページをみて確かめられないのだから幕が下りた時に観客が腑に落ちるかどうか、である。

怪談はミステリ劇か？　幽霊でその境界線は引けるか？　と問われると、そこはよくわからない。だが、ミステリ劇と同質の感覚を生かして、ミステリの謎を狭い世界から広げたとは言えるだろう。

そして、その謎を、怪談がベースとする過去の人間の営みから解放して、時間的に未来へ、場所的にイメージの世界へと解きはなって見れば、その先にはSFやファンタジーの世界がある。そこでもまた、SFドラマやファンタジー劇はミステリ劇か？　という問いが待っている。

その答えの前に、非日常の怖いもの見たさで劇場に集まった観客は、怪談劇も、SFドラマやファンタジー劇も、ミステリ劇独自のゾクッとする感触で楽しんでいる。

ACT 2

フェリックス・ヴァロットン「パリの群衆」

8　警察

社会秩序の基本は、犯罪を公平にさばくことだ、と人々が認識したのはそれほど古いことではない。かつては怪談にも、「化けて出るぞ」と言えば社会の倫理を守る力があったかもしれないが、名君のお裁きや、名探偵の個人営業の対象だった犯罪の解決と処理は、時代を下るにしたがって、家庭でも、教会でも、町役場でも荷が重くなった。その結果、公的機関として、犯罪の事実の究明には警察が、犯罪の決着をつける量刑の判断には裁判所が、贖罪のためには牢獄（刑務所）が置かれることになった。市民社会の中で法のもとに公平な犯罪処理が機能するようになるのは十九世紀後半、つまりはミステリの興隆と足並みをそろえている。「公正に」犯罪の決着をつけるために、名探偵は警察官や裁判官にその座を譲っていく。

現在は、犯罪事件が起きると、まず、現場に近い警察関係者、警官、刑事、治安、鑑識など、捜査上の警察権が認められている専門捜査官が事件の捜査に当たる。これが警察の捜査の基本形であり、同時に、現在の多くのミステリの発端の基本形でもある。市民に最も身近なメディアであるテレビの世界では、警察の各部署を舞台に、警察官が事件の真相に迫るミステリ・ドラマが数えきれないほど制作されている。

ところが、演劇となると、正面から警察を舞台にした警察モノは、意外に少ない。

「探偵物語」（シドニー・キングスレー・作〈1949〉。日本初演〈1954〉、菅原卓・訳、文学座公演）はニューヨークの下町の21分署の刑事課を舞台にした三幕の群像劇。初演当時、米英でヒット、ウイリアム・ワイラー監督で映画化（1951）もされ、評価も高かった。警察分署の日常の中に、第二次大戦後の落ち着かない市民の現実を描き出している。その年のアメリカ探偵作家クラブ賞のベスト・ミステリ劇賞（現在はこの賞はないようだ）を受賞している。

21分署の朝は、いつものようにささやかな日常的な事件とともに始まる。

刑事のひとり、主人公のマクロウド刑事は、新婚で、当時違法であった堕胎医のシュナイダーを追っている。同僚の刑事は会社の使い込みで連行された青年の境遇にいたく同情している。なじみの売春婦が連行され、署内外の人間模様がテンポよく描かれていく。

だが、現実社会では法と秩序の番人でもある刑事たち一人ひとりも、社会に暮らしている一つの歯車でしかない。マクロウド刑事の新婚の妻にも、シュナイダーとの接点があった。

だが個人的な理由で犯罪を見逃すことはできない。
突然、署内で事件が起きる。拘留中の強盗犯が、警官の拳銃を奪い逃亡を図ったのだ。マクロウド刑事は犯人に正面から立ち向かっていく。

今読めば、よくあるテレビドラマ・シリーズの一話みたいだが、発表当時は第二次大戦後のリアルな市民生活の現実を描いた舞台として評価された。キングスレーは既に戦前から日本で作品が紹介されていた劇作家である。当時、刊行された「探偵物語」の戯曲の帯には「第二次大戦で死んでいったものは英雄となり、生き延びた青年は盗みを働く、新しい血液と古い血液との交換期の現実社会に当面してアメリカの庶民はすべて悶えている」とあるから、大戦後の社会の現実を描いたリアリズム演劇として上演されたのだ。

個人の人権を基本とする民主主義社会の建設は二十世紀後半の西側社会の希望でもあった。その社会の実現のため警察は公平な公権力のもとで捜査する。現実の市民生活の場には、解決を求められる事件がさまざまな形で転がっていた。このドラマの主人公マクロウド刑事が手掛けている違法堕胎医の存在は、今も、妊娠中絶の可否で世論が揺れるアメリカ社会の現状につながっている。その原点には宗教上の問題や、現在にもつながる女性のジェンダーの問題がある。法の下にすべての人が納得する解決は容易ではない。

犯罪現場を仕切る警察が活躍する場では、社会の正・負の人間たちがドラマチックに激突する。警察内外の人間模様を描く舞台のミステリ劇には、数では小説や映画・テレビに遠く及ばないとしても、フーダニット劇を超えて時代に生きる人間をヴィヴィッドに描いた優れた作品がある。冒頭の「夜の来訪者」もそのひとつと言えるかもしれない。この作品の原題は「警部の来訪」("An Inspector Calls")である。

警察の取り調べを受ける被疑者側は、それぞれが千差万別の事情を抱えているが、それは警察側も同じである。「探偵物語」の刑事マクロウドが、家庭内に犯罪につながる要素を抱えていたように、社会の不正を糺す立場の警察も、人間が構成している限り、どこかで被疑者側の暗部とつながっている。それは警察という公の組織も無縁ではない。

「三億円事件」(作・野木萌葱、パラドックス定数・初演〈2002〉、三演の和田憲明・演出〈ウォーキング・スタッフ公演〉は二〇一六年の読売演劇大賞優秀賞を受けた)の素材は実在の昭和最大の未解決事件・三億円事件であるが、登場人物はもちろんフィクションだ。

舞台は、時効まで三か月、時効成立(一九七五年十二月)直前の府中署の合同捜査本部。警視庁から警視以下三名、府中署から警部以下三名、が任命され着任する。

未解決事件になりそうな先が見えてきた時期に捜査の終戦処理のために入れ替えられた警

視庁組と地元の所轄署の「悪いクジを引いた」刑事たちが最後の事件解決へ向かう。ノンフィクションが素材だから、観客には犯罪も結果もわかっている。これは「捜査」の謎解きのゲームに敗戦処理投手として登板した男たちの人間ドラマだ。

この事件は遺留品や情報が山ほどあるのに解決にたどり着けていない。捜査本部の後始末のために着任したような警視庁組と、長年捜査にあたりながら徒労に終わってきた現地所轄署組のそれぞれの刑事が、自分の職場での処遇について鬱屈を抱えながら最後の捜査に当たる。捜査側の組織上の問題もあって、刑事たちもそれぞれに情報を持っているが、捜査本部への不信感が、お互いの心を開かせない。舞台は、時効まで、一か月ごとの三場、いつも犯行当日と同じように雨の日だ。当時、重用された刑事たちのレインコートが、刑事たちと真実の間の見えない壁を暗示するような効果を上げている。

小劇場の、捜査本部のセットは、事務机が二台と長椅子、あとはパイプ椅子が劇場中央に置かれている簡素なものだ。観客はその舞台の両側の階段状の客席から捜査の進展を見守ることになる。

残された時間が少ない中で、警視庁組も所轄署組も過去の捜査記録から新しい捜査のきっかけを見つけようとする。警視庁から捜査本部へ送り込まれた警部補が公安部から来たことがわかり、事件は別の貌を持つことになる。捜査陣のマスコミへのリークとその見返り情報がさらに事件を複雑にしていく。所轄署の地取り捜査では犯行に使われた白バイについての過去の証言の撤回もある。もしかするとここに解決の糸口があるかもしれない！　時効を前に、刑事それぞれの立場を超えて、犯人逮捕への共通の意思が高まってくる。事件の急転を思わせる事件関係者の発見と、その自殺が伝えられる夜から朝にかけて緊迫した時間も流れる。しかし、それらは結果につながらない。

時効と言うデッドラインのある犯罪捜査ものの典型のような息詰まるドラマの進行であるが、気が付くと観客は謎解きや犯人さがしを見てはいない。犯人にたどり着くことは多分ないだろうと思っていながら、組織の要請で役割を担った男たちへの共感で舞台を見ているのだ。どちらの側の刑事にも、組織の自己防衛の論理や責任逃れ、情報のリーク、過剰な犯罪捜査、相互不信など、職業倫理に反することもあるが、それらを超えて、男たちは、警察は必ず犯人を挙げるという職業の至高の義務に殉じる。

これは未解決事件を素材に犯罪捜査のために公に作られた警察という組織のドラマであり、そこには日本の社会の中で生きる男たちの素顔が反映している。

犯罪の事実の裏付けや、動機を明らかにするために、警察署の取調室では、警察と被疑者が真実をめぐって知恵を出し切って対立する。最近でこそ、取り調べの過程の可視化が求められているが、以前は調書がでてくるまではブラックボックスだった。取調室の密室は、登場人物も少なく、登場人物もテーマも絞りやすい、演劇向きの場なのだ。事件は刑事犯罪に限らない。

三谷幸喜作「笑の大学」〈初演〈1996〉。読売演劇大賞最優秀作品賞。再演〈2023〉〉の舞台は警察の取調室だけ。取り調べられるのは軽演劇の台本である。

時は戦争直前の昭和十五年。演劇を上演するためにはすべて警察の台本検閲が必要な時代である。取調室では、時局柄、笑いは不謹慎なものとして上演不許可にしようとする検閲官と、笑いを実現するために上演許可を取ろうとする軽演劇の座付き作者の二人だけの登場人物が、台本の笑いをめぐって、虚々実々の駆け引きを繰り広げる。地口、駄洒落の小学校レベルから、名作裏返しのパスティーシュ〈ロメオとジュリエットが取り上げられている〉、喜劇俳優のギャグアクション、手法としては、繰り返しや思い違い、自縄自縛など大学レベルまで、喜劇の笑いが検閲官に「なぜこんな理屈に合わないことをするのか?」と常識と非常時を武器に真面目一方に追求される。

犯罪事実の捜査の場である取調室を舞台に、喜劇論を繰り出した三谷幸喜らしい企みのあるドラマだが、大当たりしたのは、笑いに賭ける人々の情熱や役割を描いたすぐれた現代劇でもあったからだろう。

このような現実の警察活動を背景に劇化するのではなくて、法治国家の警察のシステムそのものを、演劇ならではの手法で逆転させて爆発的な人気を呼んだ劇作品がある。

つかこうへいの「熱海殺人事件」（演出・藤原新平。初演文学座アトリエ〈1973〉）。自身の上演戯曲を固定化することを好まなかったつかこうへいは、その点でも新しい劇作家だった。自ら演出して上演ごとに変わっていった戯曲はほぼ十年後「定本熱海殺人事件」（1981）で一時固定される（角川書店・刊。引用はここから）。この舞台は何よりも事実を追求すべき警察の取り調べこそが、フィクションだという逆転の発想で一世を風靡した。

「きさま本当に国民のための犯人になるつもりあるのか。立派な犯人として十三階段を登ろう、そういう気概がお前にあるか。おまえのやったことなんてな、そんなのただの出来事だよ。事件とよべる代物じゃねえよ」

くわえたばこの伝兵衛と異名をとる警視庁捜査一課の名物刑事・木村伝兵衛は、熱海の海岸に初デートでやってきた製紙工場の女工を理由もなく細紐で絞殺した容疑者として連行された自動車修理工場の工員大山金太郎にむかって言い放つ。そして、富山県警から本庁勤めを命じられて着任したばかりの熊田刑事と、ハーレー・ダヴィットソンに乗る婦人警官ハナ子とともに、この平凡な事件を、時代を象徴する犯罪史上に残る事件に仕立て上げようとする。

「いいか、いつか見たいまにも落ちそうな真っ赤な夕日、浜辺の午後、松林の沈黙、むき出しの女、前かがみに歩くうつろな消防士……それ相当の人物に登場してもらわないとね」

大当たりは初演から二年後に突如やってきた。文学座のアトリエ公演や岸田戯曲賞(1973)は知ってはいたが見ていない。VAN99の成功(1975)もタウン情報と聞き流した。紀伊國屋ホールに移って(1976)の大評判で見ようと思った時にはもうチケットが手に入らない。社会人には朝から、時には前夜から劇場窓口に並ぶ、という事はできない。実際に舞台を観たのは、かなり後になってからだったが、評判通り、それまでに見たことのない舞台だった。劇場が沸騰していた。つかは、「俺がウケてんだ!」と自身で書いているが、ウケる、という言葉がこれほどふさわしい芝居は見たことがなかったし、その後も見ていない。

劇場にあふれた学生中心の若い男性観客は舞台の魔力の海で溺れていた。

ストーリーはナンセンスだが、そこには散弾銃のように、当時の時代を打つ弾丸が仕込まれていた。

人気のフランス文学、カミュの「異邦人」の一節を引き、治安を守ると称して強権を振るうことを厭わない権力、地方と中央の格差、貧富の差、男女差別、さらには個人の容貌まで、表向きは社会から消し去られているあらゆる差別や不公平が、弾丸になった。

取調室で、被害者について「十七、八の娘が一人前に殺される権利なんてありえません」（ハナ子）、事件の発見者は「下着引っぺがして、死体強姦でもしてくれないと、花の事件発見者として認められない」（部長）、と言い、田舎警察から出てきた熊田の楽しみと得点のために証拠の指紋を消してしまう。「動機もってそうな容疑者って、俺嫌いなのよ」（部長）と、警察が総がかりで、事件を作ってしまう。

「『熱海殺人事件、海が見たい。大山金太郎は果たして十三階段の向こうに、海を見たのであろうか』。新聞だって見出しに困りゃしないよ」（部長）「十三階段上る日に花火を打ち上げてくれだなんて、大山さん、よくぞそこまで成長してくれたわね」（ハナ子）

そして万歳三唱とともに大山を法廷に送り出す。

一九六九年の大学紛争時代、集まった若者は論敵や政敵を「ナーンセンス！」とやじり倒したものだが、それから十年もたっていない劇場は被虐、自虐の笑いで沸き立っていた。

変革の時はじわじわとやってきていた。思い出すと、この十年ほどの間に見た小劇場演劇には観客を同じような興奮に導く舞台があった。早稲田小劇場の「マッチ売りの少女」(1967)が始まりだった。寺山修司の天井桟敷、唐十郎の状況劇場、井上ひさしの舞台、串田和美と斎藤憐の自由劇場、太田省吾の転形劇場、それぞれの小さな舞台で独自の劇的世界のもたらす興奮のクラスターが起きていた。紀伊國屋ホールでほぼ半年上演され、劇場を小劇場の聖地にした「熱海殺人事件」は、都心の劇場で起きた最大のクラスターだった。

それぞれの小劇場が目指したものはさまざまだが、共通しているのは、その前の時代の演劇が信じて疑わなかったリアリズム演劇への疑問である。リアリズム演劇で本当に今の社会が、人間が解けるのだろうか？

その疑問への回答がこの時代に一斉に噴出したのだ。ミステリ演劇の犯罪は、合理的に説明されなければならない。犯人は証拠によって裁かれなければいけない、捜査は公正に。裁判は法により公平に。民主主義社会のリアリズム演劇のありようは、フーダニットのミステリ演劇にとって居心地のいいものだったが、それが揺らいだ。「熱海殺人事件」は警察を舞台に、捜査を忠実に追いながら、架空の犯罪が展開してしまう。現実にはないが、そこには時代の共感を呼ぶ真実がある。警察の犯罪捜査のドラマですら、不条理演劇になっていく。いや、なっていかざるを得ない。その発見が、あの観客の熱狂を生み出していたのだ。

8　警察

それから三十余年がたった二〇一五年の暮れ、今や「伝説の」と角書きされる紀伊國屋ホールで「熱海殺人事件」が再演された。つかこうへいが亡くなって五年、かつてともに舞台を踏んだ風間杜夫、平田満、中尾明慶の出演、違うのはつかの娘・愛原実花が出演し、演出はつかの演劇のコピーから始まり、今や大劇団に成長した劇団新感線のいのうえひでのりである。

客席には、七十年代から八十年代にかけて、つか演劇を見た老年層、その後、改定を重ねた「熱海殺人事件」を見てきた中年層。つか華やかなりし頃はその熱気が怖くて劇場を遠巻きにしていた高年齢の女性演劇ファン。伝説的に語られるつか演劇を見てみようという若者たち。最近では珍しい老若男女バランスのいい満席の客席であった。いのうえひでのりの演出はかつての上演に沿ったつかへのリスペクトのある上演だったが、舞台には、かつてのとんがった熱気とは異質の暖かさがあった。クラスターは一つの世代で感染を終えたのだ。

その免疫の上に、小劇場でも「懐メロ」が現れた。

だが、懐メロも悪くないと満足して劇場を後にするさまざまな年齢層の観客の姿はまた、演劇ならでは、のシーンでもあった。演劇は観客とともに変わる。

9　裁判

裁判は犯罪に最終的な量刑の判断を下す場である。

警察から証拠とともに送られてくる被疑者を中央に、両側にその罪を明らかにする検察官、その疑惑の不当を主張する弁護士、それぞれの側の証人。両者の中心に一段高く被疑者の嫌疑に公正な判断をする裁判官。裁判では、基本的な登場人物の役割も決まっている。裁判所の仕組み自体がミステリの解決の原型になっている。現実の法廷の構造もまた、ミステリ劇を上演する劇場を思わせる。裁判の重要な点は、広く公衆に開かれている法廷で行われることで、この点では観客が欠かせない演劇と似ている。

近代社会以前にも、裁判はあったし、法律もあった。演劇で世に知られているのは十六世紀末のシェイクスピアの「ベニスの商人」（1595?）法廷の場だろう。

「アントニオの肉一ポンドをシャイロックに与えよ、しかし、いささかの分量も違えず、血の一滴も流すことは許さぬ」条文の論理の隙を突いた男装のポーシャの名判決は、芝居なら喝采の内に成立するが、現実には通用しない。

「ベニスの商人」以前、現実社会で、フランスを亡国の危機から救ったジャンヌ・ダルク（1412～1431）は、刑場の露と消えるが、その裁判は現在のような公法によってではなく、神の前で行われる宗教上の異端裁判によるものだった。

「ひばり」（ジャン・アヌイ・作〈1953〉。日本初演〈1957〉浅利慶太・演出、劇団四季）は捕らえられたジャンヌが裁かれる過程で、その生涯を回想する形で進む。裁判そのままの会話劇、討論劇で、人間が現世で果たすべき役割が、教会側と、ジャンヌの間で争われる。神は人が許しを請うべき絶対的な存在であるとする教会側は、人は勇気を持って行動を起こすべきとするジャンヌを異端とする。何世紀も昔の異国の十九歳の若い乙女が神の下で裁かれる宗教裁判ではあるが、現代に続く社会の構造をさまざまに反映するところがあって、劇団四季では劇団の看板作品として上演されてきた。この作品はシアターコクーンで蜷川幸雄・演出、松たか子主演（2007）によりメタシアターの趣向で上演され成功した。

同じ年にアメリカで初演された「るつぼ」（アーサー・ミラー・作。日本初演〈1962〉劇団民藝）も魔女裁判が素材だが、舞台の時代設定はずっと新しく十七世紀末。まだ魔女や悪魔の存在が信じられていたマサチューセッツ州のセイラムで起きた事件である。

少女が悪魔に取り憑かれていると言われたことから、一つの地域が魔女裁判の熱に浮かされていく。牧師、裁判を司る判事、さまざまな事情を抱えた住民たちが、魔女狩りのなかで、地域社会を崩壊させていく。この作品は、当時アメリカで猛威を振るったマッカーシズムの赤狩りを念頭に置いた作品と言われるが、現在のSNSが引き起こす事件にも通じるところがある。四幕の大作だが、ここ十年でも、新国立劇場やシアターコクーンで上演されている。

「ひばり」も「るつぼ」もそれぞれの時代を超える普遍性がある。

一つの事件をすべての人が納得するように裁判で裁くのは神の手を借りてもなかなか難しい。

時代が進むにつれて、現実の裁判所の権威を守るためにも、世に広く受け入れられる公正の保証のためにも、法も、裁判の手続きも、どんどん複雑になり、裁判所ならではのルールもできる。それでも裁判の公正の完璧は期しがたい。そこをミステリは衝く。

一般人になじみのない裁判の仕組みでは「一事不再理」という独特の決まりもある。

「一事不再理」は、同一刑事事件について、確定した判決がある場合には、その事件について再度の実体審理をすることは許さない、というルールであるが、その裏をかく犯罪者も出てくる。クリスティの「検察側の証人」(原作となったの短編小説は1925年に発表、クリスティ自身の手で戯曲化され初演〈1953〉。アメリカでの映画化〈1957〉もヒットした）は、その仕組みを衝いたミステリ劇で、弁護士も、検事も、裁判官も翻弄される。裁判の行方は二転三転、登場人物の出し入れがよく考えられていて面白い。しかし、この芝居、裁判の仕組みだけではこれだけヒットしなかっただろう。日本でもクリスティ劇の中ではよく上演される作品であるが、一九八〇年の初演がヒットしたのは、映画がすでに当たっていたことと（タイトルは「情婦―検察側の証人」だった）、主演に当時フランス帰りだったスター・岸恵子が舞台初出演したこと、全盛期の映画監督の市川崑の演出。劇場が流行の先端だった渋谷公園通りの西武劇場（現在のパルコ劇場）と周囲の条件が揃ったことが大きい。

上演時の社会情勢も重要なファクターである。イギリスで「検察側の証人」が当たったのは、原戯曲の主要登場人物の男女の国籍が置かれたイギリスとドイツの間で戦われたヨーロッパの二度の戦争体験が国民感情の底に生きていた時代に上演されたからであろう。戦争は「ねずみとり」にも影を落としている。

二十世紀は戦争の世紀でもあった。二つの大きな世界大戦があり、犠牲者も多く出た。戦争のジェノサイドは巨大な殺人現場を生む。平常の社会では大罪となる殺人罪が逆転する。個人の戦争体験をミステリの背景にした作品は多いし、芝居もまた多いが、戦争という大量

「情婦」（西武劇場）のパンフレット

キャスト：ローマイン（岸恵子）
　　　　　レナード（細川俊之）
　　　　　ロバーツ卿（小池朝雄）

殺人を伴う犯罪を裁くには、個々の事案では解決できない。戦争の責任者を裁く裁判も必要になる。裁判は公平であるべきだが、現実的には勝者が敗者を裁く勝者による国際裁判にならざるを得ない。

第二次大戦後には、戦争を裁く国際裁判がドイツと日本で開かれた。戦後長く演劇界のリーダーであった木下順二の『神と人とのあいだ―第一部「審判」、第二部「夏・南方のローマンス」』(1970)はこの難しい素材を劇化している。

第一部の「審判」の舞台は、敗戦の翌年から二年半にわたって行われたA級戦犯の戦争指導者を裁く「東京裁判」(極東国際軍事法廷)の法廷の三場である。第一場は、従来の国際法にはなかった「平和に対する罪」について。第二場ではヴェトナムでの日本軍の残虐行為。第三場はアメリカの原爆投下について。作者はすべての台詞を裁判の公的記録から取っている。冒頭には、裁判所用語とした英語と日本語の通訳に苦闘する裁判の進行状況も描かれる。事実に即した裁判のドキュメンタリー・ドラマである。さまざまな国から派遣された検察官たちや裁判官と、英米人もいる日本の弁護士団との間に緊張した議論の応酬がある。しかしその膨大な殺人現場を生んだ戦争責任の追及の間から漏れてくるのは、戦争責任を裁くことの、笑いとは無縁の悲惨な滑稽さである。

第二部の「夏・南方のローマンス」は、戦争に直接かかわった一般市民の戦闘員を裁くB

C級戦犯の家族のドラマだ。敗戦数年後、南方の島でのBC級戦犯裁判で、島民と軍の通訳を務めた大学出の上等兵が絞首刑を宣告された。かつて上等兵の愛人であった女漫才師は、判決を知って彼の妻に会いに行く。裁判をまぬかれ帰国した戦友たちもいる。舞台は彼らが集う街の片隅の児童公園である。

島民虐殺を命じた参謀中佐の刑が軽く、通訳だった上等兵が「人道に対する罪」を理由に殺され、戦友たちは助かった。悪い夢だったとつぶやく戦友たち。夢ですまされるかと、声を荒らげる女漫才師。もう何もかも忘れたい、という上等兵の妻。いったいこの裁判では誰が誰を裁いたのか？

戯曲が雑誌で発表された年、第一部は直ちに劇団民藝が上演（1970）した。しかし、同時に発表された第二部の上演は十七年後（1987）であった。七〇年から八七年、日本が高度成長期のただなかにあって戦争を忘れたかのように大きな変貌を遂げる中、作者は戯曲と向かい合っていたという。（「審判」初演〈1970〉、再演〈2006〉、三演〈2018〉、「夏・南方のローマンス」初演〈1987〉、再演〈2013〉、三演〈2018〉）

その間、文化界のリーダーでもあった作者は、いくつかのコメントも出している。そのなかで、日本人は忘却に救いを求め楽天的である、とか、多くの未清算の過去を残したまま未来を急ぎすぎる、と言い、東京裁判の根本的な失敗は日本人が自らの手で戦争犯罪を裁くことができなかったことだと言っている。（『日本人の戦後』〈1988〉、木下順二集7）戦後の日本の文化リーダーたちは、その活動期間中に大きく立場を変えた人たちも少なくないが、木下順二は一貫して、戦争と人間の本質を日本人の問題として考え続けた。

「神と人とのあいだ」は裁判を描いたドラマではあるが、その結果を問うミステリ劇ではない。戦争の残した大量の殺人現場の謎は裁判によって解かれることなく残された。このドラマは、戦争と同時に、人間が作り上げた裁判と言うシステムに対する真摯な批評でもあった。舞台を見た後は重い宿題を課せられた気分で家路についた。

現在の裁判は、法による公正な判断を標榜してはいても、現実の諸事情の積み重ねの上に判断が下される。裁判の公正の完璧は期しがたいのが実情である。その苛立ちからか、社会は遂に最終判断を市民の手に差し戻すことに合意する。

「陪審員制度」という裁判の仕組みが日本で採用された頃（2009）しきりに引き合いに出されたのが「十二人の怒れる男」（レジナルド・ローズ・作〈1955〉。日本初演、石坂浩二・演出、パルコパート3〈1983〉）である。その後もしばしば上演されてきた。

蒸し暑い夏の午後遅く、ニューヨーク地方裁判所の陪審員室。

十七歳の移民の少年の父親殺しの殺人事件の審理が終わって、無作為で選ばれた十二人の年齢、職業もバラバラな陪審員たちに、有罪か無罪かを決める判断がゆだねられる。裁判所の審理はおざなりではあったが、少年を犯人とする目撃証言もあり、少年の前歴や家庭環境などから少年の有罪は動かないとみられていた。だが、陪審員たちの第一回の評決は十一対一。建築家の中年の陪審員ひとりが、無罪を主張する。彼は法廷に出された証拠だけでは、有罪とは言えない、と主張する。「推定無罪」の主張である。

こうして、証拠をめぐる陪審員たちの意見の対立から、この事件そのものの謎も解かれていく。陪審員たちの対立は、それぞれの個人の事情、今夜のナイターのチケットが買ってある、とか、生活環境への理解の相違や移民地区への偏見もあって紛糾する。証拠をめぐっては、凶器とされているナイフの地域での販売数、犯行方法、犯罪目撃者の確認能力、少年のアリバイの確実性、電車の騒音、などが問われる。討論だけで進めると単調になりがちな室内劇を、陪審員たちが証言を実際にやってみることで動きのあるドラマにしている。

さらに、このドラマは、事件を解く中で裁判制度そのものにも議論を進めている。

制度としては、陪審員全員一致の結論だけしか認めないこと、それがある種の陪審員の同調力を生み出してしまうこと、下級裁判所の国選弁護人の無気力、無作為抽選の陪審員の事件への無関心、なども周到に描かれている。

しかし、そういう批判がありながらも、このドラマが民主主義国家の法制の聖典のように見られているのは、発表当時のアメリカの国情も反映しているに違いない。第二次大戦を終え、世界の大国として力を持つようになったアメリカは、吹き荒れた赤狩りのマッカーシー旋風を克服して、民主主義国家のモラルを世界の指針として示す必要があった。冷戦時代の真最中である。ドラマの中盤で、陪審員11号が、対立する陪審員に向かって言う。

「我々は争いのために集まったのではない。我々には責任がある。郵便で通告を受けとった者が集まって、全く知らない人間の有罪無罪を決める。この評決で我々には何の損も得もない。ここに、この国が強い理由がある。だから個人的感情は抑えたほうがいい」

民主主義は特定の人種・民族に帰属するものではなく、あらゆる人間に対して開かれている、ということだが、その後の半世紀、アメリカはいま、差別と格差の混迷のさなかにある。現実には、陪審員制度を採用している民主主義国家は、アメリカに限らず、さまざまな壁に直面して大きく揺れ動いている。

制度が理想通りに動かないのは、なにごとによらず歴史の証明する通りだが、せめてベターな選択はしたい。

「十二人の怒れる男」は日本でも、小劇場から新劇団、商業劇場まで何度も上演されてきた。さらには十二人の陪審員と言うドラマの枠をパロディにしたような作品もあらわれた（筒井康隆「12人の浮かれる男」、三谷幸喜「12人の優しい日本人」など）が、おおむねは原作の、現在の社会構造への自戒をベースにした作りが多い。

社会に大きな壁が立ちはだかった時、この作品のように一人の個人の勇気が強い支えになるだろうか。

二〇二〇年、コロナ禍の閉鎖状況を乗り越えるべく開場した劇場（シアターコクーン）で、この作品が上演された。演出は英国の演出家（リンゼイ・ポスナー）で、稽古に来日できず、双方向のテレビによって演出された。劇場中央に置かれた裸舞台で上演された舞台は、物事への偏見の排除と、話し合うことの重要さを訴える演出だった。

「十二人の怒れる男」が描いているのは裁判劇の体裁をとってはいるが、民主主義のシステムが生命を持ち続けられるかどうかを問うてもいる。

ドラマの終盤、最後まで有罪側に残った3号が、無罪側に意見を変えるのは、証拠によってではなく、強権的な父権を振りかざして親子関係を断絶した自らの過去への反省からである。古来の人情による個人の翻意で、犯罪の真相が解き明かされたわけではない。「推定無罪」に同意しただけである。そういう点ではあくまで犯人を名指すミステリではなく、これもまた、「推定無罪」というエクスキューズを持つ「裁判」のドラマなのだ。

9　裁判

作者のレジナルド・ローズはたまたま陪審員に選任された経験からこの作品を書いたとい

う。現実と表裏一体の舞台設定である。ドラマが最初に発表されたメディアは、観客のいる劇場ではなく、顔の見えない視聴者を持つテレビドラマ（1954）であった。

日本の裁判劇には、欧米とは異質のお裁きの源流がある。

時代は戻るが、シェイクスピアの「ベニスの商人」の裁判の場は、明治の初期から日本に紹介され、やがて坪内逍遥などの翻訳も出て、日本人にも親しまれるようになった。十九世紀の末、川上音二郎が、アメリカへ洋行（1899）した旅先で「ベニスの商人」を見て、たちまちやって見せた、という逸話がある（渡辺保「明治演劇史」）。日本の裁判劇の嚆矢、「滝の白糸」（明治二八年〈1895〉）の初演にかかわった音二郎がその時「滝の白糸」を連想したかどうかはわからないが、東西のお裁きのありようについては、感慨があったのではなかろうか。

「滝の白糸」は、「金色夜叉」（尾崎紅葉〈1897〉）や「坊っちゃん」（夏目漱石〈1906〉）と並んで、最も長く大衆に親しまれ、生命力を持ち続けた明治時代の文芸作品だろう。「滝の白糸」の原作になった泉鏡花の新聞小説「義血侠血」が掲載されたのは明治二七年（1894）、翌年劇化され（花房柳外の脚色により、明治二八年川上一座が初演）。翌年の暮れ、喜多村緑郎が白糸を演じて賞賛を博し、演目は当たり狂言となった。昭和になると、花柳章太郎、水谷八重子（初代）へと引き継がれ、新派の代表的演目「八重子十種」にも選ばれた。

しかし、その劇は西欧的な社会の基盤となる公平な裁判制度に沿うものではなかった。「滝の白糸」で、代理検事の村越欣弥が白糸の自白を引き出すのは「名代の女芸人が裁判で偽りを述べるのは恥、人は一代、名は永代」と説く義と俠の言葉で、ドラマは義理人情に殉じる男女の悲劇である。

昭和三十年代までは、新派は新劇とは異なる視点から時代の風俗を写す現代劇で大劇場に多くの観客を集めていた。初代八重子の「滝の白糸」はそこで見ている。さすがに裁判劇としては古めかしいとは思ったが、当時すでに市井では見られなくなっていた白糸の水芸や、舞台の明治の風俗は映画にはない新鮮さがあった。中年の女性客を主とした観客層は、このドラマに共感していた。

「滝の白糸」の名が現在の若者にも知られているのは、唐十郎が書き、蜷川幸雄が演出した「唐版・滝の白糸」(1975)があるからだろう。この芝居の初演は大映東京撮影所(現在のKADOKAWA映画)のスタジオで、現在はごく普通に行われている若いアイドル・タレントを芝居(実演)の主演者とするアイドル企画演劇のさきがけである。当時最も力があった渡辺プロの人気筆頭の沢田研二の演劇初出演、というので調布のはずれの多摩川河畔、徳間書店に経営が引き継がれたばかりの旧大映の映画スタジオに若い女性ファンが殺到した。スタジオには朝倉摂（美術）による精密なジオラマ風の下町の大セットが組まれ、そこで、唐演劇が演じられた。

戯曲（「唐版滝の白糸」角川文庫〈1975〉）は原作のストーリーをほとんどとっていない。裁判もなければ、殺人事件も起きない一幕劇である。その戯曲を蜷川幸雄は天井が高くだだっ広い映画スタジオを生かして大掛かりな見世物演劇にした。

滝の白糸の水芸を演じるお甲（李礼仙）、は、高度成長期に高速道路の開通のためにゴーストタウンになってしまった街の怨念を象徴するかのような設定になっている。観客の多くのお目当てのジュリーの役名はアリダ。死んだ兄が同棲していたお甲から借りていた借金を返そうとこの街にやってきた男。その金を奪おうとする銀メガネ（伊藤雄之助）や、怪しげな羊水売りの男。廃屋に置き忘れられたタンスの中から登場するお甲。彼女は翌日から二流のプロレスの巡業について九州へ行こうとしている。金が要る。

大詰め、白糸太夫は涙の恋がらみ特別興行として、水芸・滝の白糸を演じる。都会のアスファルトの下でつながっている水道管の水芸の水は白糸太夫の手にする扇から血となり赤い滝となって噴き上げる。唐組芝居恒例のクレーンに乗った白糸太夫は、手首を切った自らの血とともに観客の頭上を舞う。当時の演劇の劇場では見られなかった斬新なスペクタクルであった。

街に張り巡らされた水道管のように、白糸にはさまざまな暗喩が込められていて、それが大詰めで水芸の赤い血となって一気に観客に迫ってくる。初演では、唐独特の分かりにくい展開にもかかわらず、観客は我を忘れて喝采した回もあるし、呆気にとられてなんだかわからなかった回もあったという（「唐十郎の劇世界」扇田昭彦）。その後この戯曲は大きな商業劇場で三度、誰にも理解できる公演となって、再演されている（日生劇場など1989, 2000, 2013）。

唐版は、滝の白糸を原作小説の物語からではなく、白糸太夫を日本の庶民の底に流れる情念の象徴として見せようとしている。借金に追われ、身を切ってでも芸を売らなければ、巡業にも加われない旅芸人、という白糸太夫の設定は原作からイメージされているが、作品の時代は明治から戦後の昭和へと移されている。白糸太夫は血の水芸とともに、バブル期を迎えようとしている昭和の空中を飛んでいた。

「唐版・滝の白糸」は、ミステリの謎は裁判所の中で解決されるものではない、事件そのものにある、と観客に差し戻したのだ。そしてミステリの解決は、人間がわが身を切って示すべきだと主張している。木下順二も、唐十郎も裁判という西欧的なシステムの前で日本的な情念の在り方を見つめなおすことになった。

二十世紀後半を支配したリアリズム演劇は新しい局面を迎えようとしていた。一九七五年には、既に唐十郎を筆頭に、寺山修司、鈴木忠志、佐藤信らが、アングラと呼ばれた新しい演劇をしきりに都内で公演している。八〇年代になると、彼らに続く、つかこうへい、別役実、野田秀樹、太田省吾、串田和美、九〇年代には、ケラリーノ・サンドロヴィッチ、松尾スズキらの演劇が上演され日本の演劇シーンは大きな変貌を遂げる。

警察から裁判所へと続く合理的なリアリズムの構造で犯罪を解決しようとしたミステリもまた転機を迎えている。

10　牢獄

夜でも昼でも　牢屋は暗い
いつでもオニめが　あああ
えいやれ　窓からのぞく

のぞことままよ　塀は越されぬ
自由にこがれても　あああ
えいやれ　鎖は切れぬ

ああ　この重たい鉄の鎖よ
ああ　あのオニめが　あああ
えいやれ　休まぬ見張り

ゴーリキーの戯曲「どん底」（〈1902〉、日本初演、小山内薫・訳〈1910〉）で歌われた歌とともに、二十世紀の幕が開いた。

牢獄は、警察、裁判、と続いてきた法治システムの終着駅の場であるはずだが、既にその矛盾は噴出している。牢獄は十九世紀以降の現代社会の司法制度への懐疑を象徴する舞台になった。

「蜘蛛女のキス」は、日本で上演される翻訳劇が、英米露仏の作品が多い中で、珍しく南米アルゼンチンの作家マヌエル・プイグの小説（野谷文昭・訳〈1976〉、集英社文庫）に依っている。ブエノスアイレスの監獄の中で二人の囚人が延々と映画について話し続ける小説をもとに、戯曲が書かれ、八十年代に英米でヒット、映画も成功し、九十年代にはミュージカルにもなり、これも成功した。日本でも九十年代からさまざまなプロダクションで上演されている。（ロバート・アッカーマン演出、初演〈1991〉ベニサンピット、続いて〈1992, 2002〉再演、最近ではグローブ座、演出・鈴木裕美〈2017〉など）。ミュージカル版（演出・ハロルド・プリンス〈1996〉）も上演されているが、想像上の「蜘蛛女」を軸にしていて演劇版とは作りが違う。

演劇版では、未成年者に対する性的な行為により懲役刑を宣告されたゲイのモリーナと、社会主義運動の政治犯として逮捕されたヴァレンティンとが、牢獄の同室生活の日々の中でお互いに心を通わせていく。その過程では、原作のように、かつてモリーナが見た「黒豹女」やナチス時代のドイツ映画も語られるが、戯曲の構造としては、牢獄でも、権力側が反対勢力の情報を得ようとするスパイ・ミステリ劇が物語を動かしていく。

実はモリーナは、刑務所長からヴァレンティンのいた反政府活動組織に関する情報を聞き出すよう命じられていた。しかし、ヴァレンティンに愛情を抱くようになっていたモリーナは、彼から情報を聞き出すことができない。

牢獄という極限状況の中の男二人という設定に、お互いに心を寄せ合いながらも、そこに裏切りが仕組まれていくサスペンスが巧みに織り込まれている。

仮釈放になったモリーナを信頼したヴァレンティンは外にいる組織の仲間への伝言を託す。ヴァレンティンは仮釈放が罠とは、知らない。伝言を実行すればヴァレンティンと仲間を危機にさらすことになる。モリーナのジレンマ……。

男同士の愛の葛藤、社会の性的マイノリティへの差別、政治的革命への信念と抑圧など、社会が直面している切実な課題を、牢獄の狭い一室の中のミステリに組み込んだサスペンスドラマの舞台である。

牢獄は、裁判で有罪とされた被疑者の自由を束縛する装置だ。罪人であっても人間として自由に生きようとすれば、そこから逃げ出すしかない。まして、冤罪となればその思いは強い。そうと決めれば、人は「脱獄」にすべての情熱を注げる。脱獄は牢獄をめぐるドラマの大きなテーマになる。絶対に不可能なことを設定し、それに挑戦し、なしとげるという脱獄の「不可能興味」は、ミステリの王道でもある。

舞台には一面の鉄格子。囚人たちが自由を求めてガンガンと格子を叩く音で「ショーシャンクの空に」の舞台が開く。（スティーヴン・キング・原作、オーウェン・オニール・ほか脚本。演出・白井晃〈2014〉）。この原作には、日本国内での独自の舞台化もある（脚本・喜安浩平／演出・河原雅彦〈2013〉）。原題の「ショーシャンク刑務所」に「空に」を付けた翻訳者のタイトル名訳も含め、日本人好みの素材で、映画も大当たりであった。

エリート銀行員アンディーは、妻の浮気を巡るトラブルから、妻と愛人殺害容疑の冤罪でショーシャンク刑務所に服役する。第二次大戦直後のことだ。囚人同士のリンチ、管理側の不正など、刑務所内の腐敗が絶えない。異常な環境の下で牢獄の生活をどう生きぬくか、作者は、終身刑で刑務所暮らしに安住している便利屋の囚人レッドを語り手に配し、刑務所内でアンディーが脱出への生活を築いていく歳月を細かく描いている。

「希望というものは、いいもんだ、そしていいものは決して死なない」

脱獄の穴を隠すために壁に貼られた女優リタ・ヘイワースの大きなポスターは囚人たちの希望の象徴でもある。アンディーが脱獄に向けて、細心の注意と配慮で仲間の信頼と協力を得ていく牢獄の社会劇だ。小説とも、映画とも違う演劇ならではの牢獄の舞台になった。

三十年近い苦難の末、アンディーは脱獄に成功する。脱出不可能の状況からの脱獄物語は「巌窟王」（アレクサンドル・デュマ・父・作「モンテ・クリスト伯」〈1846〉）以来の脱獄ものの定番だが、キングは、物語の軸を、復讐や脱獄のサスペンスでなく、平凡だが万人の胸を打つ囚われた者の自由への希望というテーマに託している。

時代の大きな変化は思いがけないところで、顔を出す。

牢獄の囚人たちが演劇の流れを変えた挿話がある。演劇研究者や専門家の方はよくご存じの有名なエピソードだが、牢獄で行われた一つの公演で現代演劇は大きく角を曲がった。

サンフランシスコのサンクエンティン刑務所は十九世紀中ごろに設立された大規模な刑務所である。

一九五七年十一月十九日、刑務所の大食堂で、男ばかりの千四百人の囚人の慰安のために芝居を上演することになった。女優の出演がないという理由で選ばれた演目はベケットの「ゴドーを待ちながら」である。

みすぼらしい男が二人、荒れ地のような舞台で、意味のない会話を続けながら、ただただゴドーという人物が来るのを待ち続ける。しかしいつまでたってもゴドーは現れない。ゴドーが何者なのか、なぜ待っているのかもわからない。男たち二人の会話も次第に話題の中心が分からなくなり、意味のない不条理で滑稽なものになっていく。それこそが、現代の人間のありようだというこの演劇表現は、二十世紀後半の演劇を大きく変えることになるのだが、この五年前のパリ初演も、その後のニューヨーク公演も世評は芳しくなかった。喜劇なのか、悲劇なのか、あるいは悲喜劇なのか、何かありそうだが、つかみどころがない。

この芝居が何を観客に見せようとしているのか、市中で暮らしている観客も批評家も、舞台の専門家もわからなかったのだ。のちに「不条理演劇」という言葉があてられるジャンルの最初の作品である。

牢獄での公演を前に、囚人たちのブーイングを畏れた演出者は前説をする。

この芝居は「観客ひとりひとりにとって、何らかの意味があるように」演じられる。いわばジャズの一節のようなものだ、と。

幕が上がる。そして、大都市では、途中で帰ってしまう客もあったこの芝居は、囚人たちにはたちどころに理解された。囚人たちはこの戯曲を難解だとは感じなかったのである。芝居はドラマチックにモラルを押し付けたりせず、特別な希望も約束しなかった。人はみなゴドーを待っているし、これからも待ち続けるだろう。ここ以外に行くところなどどこにもない。これが牢獄だけではないどこにでもある世界の現実なのだ。

席を立つ囚人はなく、みな震えながら、最後まで見た、と刑務所新聞は報じている。演出者の前説は杞憂にすぎなかった。

これは二十世紀後半の演劇に大きな変革を与えた不条理演劇について書かれた「不条理の演劇」（マーティン・エスリン著、小田島雄志ほか・訳、晶文社〈1968〉）の冒頭に書かれているエピソードだ。不条理劇の原語は「theatre of the absurd」この absurd という言葉は観念的な限定度の強い「条理」の反対語としての「不条理」と言う訳語ではなく、ばかばかしい、とか、いいかげん、という感じがぴったりする。

パリ生まれのこの不条理の演劇は、筋立てと役柄ですべての観客にある物語を納得させようとするウェルメイド・プレイの伝統的魅力を全く欠いていたにもかかわらず、十年足らずの間に世界の主要な演劇都市で演じられるようになる。日本でも、早大教授の安堂信也の訳・演出で文学座（1960）が、続いて、劇団民藝が渡辺浩子・訳・演出で上演（1965）している。ともに劇団の代表的な俳優、宮口精二（文学座）、宇野重吉（劇団民藝）が主演した舞台だったが、当時の観客にとっては、ねらいのわからないぎごちない舞台だった。その不条理演劇への違和感は中村伸郎が渋谷・山手教会の地下にあった小劇場ジァン・ジァンでイヨネスコの不条理演劇「授業」の毎週定期の上演を始めるころ（1972）まで続くが、そのロングランが終わる八十年代初期までには、日本でも不条理なドラマも次々に書かれ、若い劇団の新しい表現の魅力もあって、「ゴドー」を知らない観客にも不条理劇が受け入れられるようになる。

リアリズムに従って条理で人間の葛藤を解いていく演劇ではもはや現実の世界をとらえられない。なぜなら、眼前にある日々の生活の場は、理屈ではとらえきれないさまざまなばかげた不条理の集積なのだから。

日本ではその舞台の上の不条理の感触を探るだけで、演劇を作る側も、見る観客側も二十年かかったのだが、その実りは大きかった。

一九七〇年から一九九〇年の間に日本の演劇は大きく変わった。

ことに、それまでの日本の演劇界ではあまり姿が見えなかった若い大衆的な「観客」が学生運動と連動して演劇に参加してきた。彼らはそれまでの左翼系政治党派に与する劇団の学生観客とは似て非なるものだった。その背景に、サンクエンティン刑務所の囚人たちの影が見える。さらに、そのabsurdが生み出す笑いや、ナンセンスな俳優たちの演技が、リアリズム演劇とは異質の演劇の世界を開いた。それは、つかこうへいの「熱海殺人事件」にも、野田秀樹の軽さにも、その変化のただ中から出発したケラリーノ・サンドロヴィッチのナンセンスな作品にも反映している。演劇は社会の鏡、とはよく言われるが、不条理の演劇は現実の不条理の世界をあるがままに映して、演劇の新しい世界観の底流となって広がっていく。それは条理を旨としたミステリ演劇にも逆流を起こす。

余談になるが、映画には優れた脱獄モノが幾つもある。脱獄を描くとなると、細部では、演劇は映画に及ばない。劇場の観客も舞台も、映画のカメラのように、自由に行動できないからだ。

牢獄の中で行われる演劇を直接素材にした映画もある。

囚人を矯正する目的で獄内で演劇を行う事は実際にあるようで、イタリア映画の「塀の中のジュリアス・シーザー」（2012）は、重犯罪を犯した受刑者たちがジュリアス・シーザーを上演するまでを記録したドキュメンタリー映画である。実際に犯罪を犯した人たちが、殺人劇を演じるというメタシアターの実録版のような映画だが、監督（タヴィアーニ兄弟）の構成がよく、牢獄の中で演劇の果たす役割が理解できる。

サンクエンティン刑務所に倣ったのか、八十年代にスウェーデンで牢獄の中で、囚人たちが演じた「ゴドーを待ちながら」を獄外の劇場で上演した実話に基づいた映画「アプローズ、アプローズ！」（エマニュエル・クールコル監督・フランス映画〈2022〉）も公開された。

ACT 3

フェリックス・ヴァロットン「祖国を讃える歌」

11　不条理の衝撃

不条理劇は、今の現実社会のような形の決まらない世界では、確実な解答や説明など存在しない、と主張するドラマだし、ミステリ劇のほうは、謎だらけの事件であっても、ルールに従い条理を尽くせば答が出るドラマである。

一方はドラマの理詰めは意味がないとし、もう一方はドラマの理詰めを身上とする。同じ、解き明かすべき犯罪や謎を前にしても、お互いに相反する考え方を基本にしている。

ミステリ最高の傑作と評価が高いクリスティの小説「そして誰もいなくなった」(清水俊二・訳〈1955〉、青木久恵・訳〈2010〉)を原作に、フーダニット劇と不条理劇の二つのミステリ劇が生まれた。

原作の小説を復習すると、

孤島の邸宅に招かれた八人の客と、二人の召使が、殺人を予告するレコードと童謡の歌詞に従って次々と殺されていく。遂に、登場人物十人全員が死んでしまう。エエッ！　いったいどうなっているんだ！　はじめてここまで読んだ時のアレレ感は半端ない。

その解決。まず合理的な捜査の結末が示される。

警視総監トマス・グレッグの捜査報告。報告書は、殺人の経緯を詳しく検証した後でこうくくられる。「この事実が確実であるとすると、誰が十人の人間を殺したのでしょうか」??　解決はさらに先送りされる。

そして、最後に「漁船『エマジェーン』号の船長からロンドン警視庁に送られた告白書」で読者はようやく渇仰していた「解決」を手にする。

フーダニット・ミステリとして、最高の作品である。ミステリでしか味わえない快楽があったことも認めよう。それを、舞台でも、と考えるのは自然の成り行きだが、実は大きなハードルがある。

それは知名度の高い名作ならではの難しさで、ストーリーを観客がみな知っていることだ。さらに、観客の目前で、トリックのある殺人を実行しなければならない。観客は、全員が殺される現場をどう見せるだろうか、と気になって、芝居を観るほうがお留守になってしまう。キャスティングも難しい。登場人物全員いなくなったところで幕、というわけにもいかない。

そのハードルに挑戦して作者本人が戯曲化した「そして誰もいなくなった」フーダニット

劇の解決策。

やむなく、作者は小説とは異なる芝居だけの結末を用意した。ハッピーエンドの一組が残って幕になるエンディングだ。小説と舞台が同じ話なのに結末が違う。そこは芝居を観る人に残された楽しみにもなるわけだが、ずいぶん窮屈な決着の付け方だ。小説のフーダニットに魅入られた読者からは、登場人物全員がいなくなってしまうところが一番のキモなのに、という恨み節も出てくる。

この戯曲（1943）は、日本でも、何度も上演されている（訳・福田逸で劇団昴〈1977〉、さらにシアター・アプル〈2003〉、テアトル銀座〈2005〉など）。クリスティの芝居のなかでは大きな劇場での上演回数が多いほうだ（ネット「日本で公演されたクリスティ劇」〈2019〉による）。しかし、広く世間の話題になった西武劇場の「検察側の証人」のような興行的ヒットには至っていない。

そんな辻褄合わせの窮屈なミステリの解決に左右されるよりも、理屈を離れた別の解き方もある、その方が今向きだろうと作られた舞台が生まれた。不条理劇への道が開かれる。

別役実・作「そして誰もいなくなった」（演出・藤原新平／出演・夏桂子・中村伸郎〈1982〉。戯曲は『太郎の屋根に雪降りつむ』収載）は不条理劇である。角書きには「アガサ・クリスティのサミュエル・ベケット的展開による悲劇的・喜劇的・不条理的推理劇、モンティー・パイソン風ドンデン返し付き」とあり、さらに「ゴドーを待つ十人の小さなインディアン」という副題がついている。この作品はフーダニット・ミステリの名作「そして誰もいなくなった」を、不条理劇的に解体し再構成して見せた。

幕が開くと、場面はイギリス・デヴォン州の孤島。クリスティの世界である。だが、舞台の中央には枯れ木が一本。残っている枯葉には一枚ずつ「不」「条」「理」と書かれている。別役作品おなじみの舞台装置、ポツンと一本立っている電信柱の趣きである。まず、舞台に登場するのは、召使夫婦、ここは小説版とも戯曲版とも同じなのだが、持っているのは二人がかりでなければ持てないつづらのような箱。その両端を持っている夫婦はその箱の持ち方をめぐって、意味のない口論を始めてしまう。次々に招待状を受け取った客が威儀を正してやってくるが、よく見ると、みなおんぼろ衣装。「ゴドーを待ちながら」のウラジミールとエストラゴンさながらのたたずまいである。

原作の通り、蓄音機から告発の声が流されるが、その告発の理由は、原作と違って、いずれも他愛ないものだ、例えば、植民地で原住民を死に追いやったロンバートの罪は、「大尉なのに、シチューの皿を割った罪」であり、召使のエセルの罪は雇い主の看護を怠って死に

別役実作・
「そして誰もいなくなった」パンフレット
本多劇場こけら落とし公演（1982）
出演・中村伸郎、南美江、西岡徳馬、
夏柱子、林昭夫　神保共子

至らしめたことではなく、「朝、目覚めるべき時間に起きなかった」ことだ。罪状の中にはウオーグレイブ判事のように「本来実在しないと考えられていた人の、実在を暗示してしまった」というわけの解らぬ罪まである。この罪状列挙はいかにも別役実らしい逆説、ユーモア、残虐を含んでいて面白い。そして、十人を呼び集めた招待状の主はどうやら、アンノウン氏ではなく、ゴドー氏らしいのだ。

二十世紀前半に広がったリアリズム演劇は、ベケットの「ゴドーを待ちながら」(1952)に始まる不条理劇を消化することで二十世紀後半以降の新しい演劇の世界につながっていった。別役版「そして誰もいなくなった」は、条理劇の代表のようなフーダニット劇を不条理劇的に逆転して見せた。

舞台は、角書きにあるようにサミュエル・ベケットの「ゴドーを待ちながら」のような展開になる。いったいゴドー氏とは何者なのか、誰なのだ、と解いていくのはミステリ条理劇だが、こちら別役版は喜劇的、悲劇的、不条理劇的にドラマが展開する。

まず、トニーが、食事中に下手な歌を歌って会食者を不快にさせた罪で、毒殺されるのを手始めに、次々と、ほぼ原作順に殺されていく。登場人物が半分になったところで、「十人のインディアン」の殺人予告童謡を記した手紙が届く。差出人はゴドー氏である。そうなれば、ここまでの事態の推移を知っているゴドー氏はここに残った五人のうちの一人ということになる。自分もゴドー氏かもしれないと、秘書のヴェラが人間関係から「論理的に」犯人を推理する長台詞、しゃべっているうちにテンポがどんどん早くなり、本人も登場人物たちも何が何だかわからなくなってしまう。

別役版でも、犯行のプロセスや動機もすべて解明されるのだが、その論理はまさに、モンティ・パイソン風。（蛇足だが、当時既にBBCで制作・放送を終えていた「空飛ぶモンティ・パイソン」〈1969～1974〉の日本版は東京12チャンネル〈現・テレビ東京〉の深夜番組で放送され〈1976～1980〉コアなファンを持っていた。NHK〈G／BS〉でこの番組が放送されてモンティ・パイソンのナンセンスが一般化するのはかなり後〈1996～2000ごろ〉である。）別役版のラストで十トンの分銅が落下してくるのはこの番組のメインギャグの影響だろう。観客はその不条理な展開に呆気にとられて、笑わずにはいられない。

別役版の「そして誰もいなくなった」はフーダニット・ミステリのちゃぶ台返しのような作品なのだが、一観客として劇場でみると、意外にも、両者の相性は悪くなかった。ガチガチの本格ミステリのドラマも、別役版の不条理劇も、観客にとってはどちらも面白く成立してしまう。不条理が蔓延している現実社会はいつの間にか劇場をも占拠していた。観客はミステリを不条理で解くことにも寛容になったのだ。

この作品の初演は本多劇場のこけら落とし（1982）だった。本多劇場の開場は八十年代の演劇界の大きな変化を象徴するような出来事だった。この劇場のユニークな軌跡は既に詳しく書き残されてもいる（『「演劇の街」をつくった男』ぴあ〈2018〉）が、この時期、演劇界には若い世代の新しい演劇が続々登場してヒートアップし始めていた。本多劇場のこけら落とし三公演では、まずその一方の旗頭・唐十郎の「秘密の花園」が柄本明と緑魔子の熱演で初演された。続く「イカルガの祭り」は自由劇場の出演者で斎藤憐の作・演出だった。最後の別役版「そして誰もいなくなった」には、当時もっとも不条理劇に近かった俳優中村伸郎が出演していた。唐十郎の舞台に主演していた柄本明がその後、自らが率いる劇団東京乾電池で別役版を上演するのは、こけら落としの時から関心を持っていたからに違いない。八十年代から九十年代に、三者三様に発展して日本の現代演劇の柱になっていく人たちによる三作のこけら落とし公演だった。

本多劇場の開場のころから、日本の演劇に築地小劇場以来のリアリズムの伝統の上に立つ新劇とは異なる流れの、不条理劇をはじめとする多様な新しい現代劇がはっきり台頭してきた。それは現実の街にもフィードバックして、戦後のバラック作りのマーケットに囲まれた民鉄乗換駅に過ぎなかった下北沢は、多くの小劇場に大劇団やマスメディアからはみ出した演劇青年やその観客たちが集う演劇の街に変貌していった。

海外戯曲でも、ミステリ演劇をバラしたような舞台をずいぶん昔に見た記憶があった。「ほんとうのハウンド警部」（トム・ストッパード・作〈1968〉、喜志哲雄・訳〈1970〉）。

フーダニットの芝居を、二人の演劇批評家が見ている、という舞台の設定で、虚構のフーダニット芝居と、その舞台を批評する二人の批評家の現実とが交錯する。フーダニット芝居は、おなじみの貴族の田舎の家を舞台にした三角関係が引き起こす殺人事件で、その舞台に、見ている批評家たちの現実の人間関係が重なっていく。クリスティの芝居のパロディで、舞台で転がっている死体は批評家という謎解きである。虚構の芝居も、それを批評する批評家の現実も、それが交錯するということも、不条理でばかばかしいが、英米では観客にも思い当たるところがある内容だったのであろう。八〇年代には、日本でも芝居を演じるものと、芝居を見ている観客を二重に見せる構造は、メタシアターと言われてさまざまに形を変えて流行っていた。だが、この作品の場合は、現実的には劇中劇になっているクリスティのフーダニット劇が、日本ではなじみが薄いことや、劇評家の在り方が米英と全く違う事から、観客にウケていたとは言えなかった。

しかし、このメタシアターの手法は時代には似合っていた。

メタシアターは劇を取り込んだ劇という劇構造のことで、簡単な例で言えば劇中劇がある芝居のことである。この劇構造が現代劇で重用されるようになったのは、元をたどれば、ピランデルロの「作者を探す六人の登場人物」(1921)。それぞれの物語を持っている六人の登場人物が、物語をまとめて書いてくれる作者を探すドラマに始まっている。

メタシアターでは、いままで一つの視点から作られていた劇がさまざまな視点から複眼で見られることになった。「明るい虚無の舞う時代」(扇田昭彦)といわれ、軽さと多様性が認められ始めた八十年代では、一つの作品の中でも自由に視点を変えられるメタシアターの手法は歓迎された。

謎を一人の犯人に追い詰めるミステリ劇にとっては逆方向だが、不条理演劇にとってはなじみやすい。

同じ作者には似た趣向の、ハムレットの劇中人物をスピンアウトさせた「ローゼンクランツとギルデンスターンは死んだ」(1966)がある。

こちらも本歌取りで、「ハムレット」の劇中、ハムレットをイングランドに護送するように命じられた二人の学友、ローゼンクランツとギルデンスターンの物語である。その場限りの調子のいい二人は、ハムレットの監視係でありながら、ハムレットのたくらみで、逆に到着した先で殺されてしまう。

「ハムレット」の幕切れ近く、彼らの運命は「王のご命令通り、ローゼンクランツとギルデンスターンは死んだとお伝えします」と報告されるが、「王は二人の死を命じてはいなかったのです」とにべもない答えで、二人の死は全く不条理な無駄死になる。

この芝居は「ハムレット」の深刻な謎解きに対する批評ともとれ、同時に他者に言われるままに暮らす現代人の生き方にも通じる芝居として、日本でもよく上演されている。

ミュージカル「ラ・マンチャの男」（脚本・デイル・ワッサーマン／音楽・ミッチ・リー〈1965〉／訳・森岩雄ほか／演出・エディ・ロール）は、松本白鸚の主演で初演（1969）以来、何度も再演され、二〇一九年に上演一三〇〇回を超え、二〇二三年に最終公演が行われた。日本で上演されたミュージカルとしては画期的な成功を収めた作品だが、これも構造としてはメタシアターになっている。

十六世紀末、セビリアの牢獄に投獄されたセルバンテスは、囚人たちから身を守るために即興劇でドン・キホーテの物語を作ってその場を収めようとする。かなり複雑な三重構造になっているのだが、観客は三つの物語のそれぞれの世界でドラマを楽しんでいる。

二十世紀の後半には、それまで現代劇の軸として信奉されていたリアリズム演劇も漂流していくことになる。戯曲の多様化は演出はもとより演技にも、舞台を作る美術、音楽、照明、音響にも影響を及ぼし、舞台の上は「なんでもあり」になっていった。多様化の時代の幕開きである。

12　過去と未来へのタイムトラベル

時代劇、ＳＦやファンタジーをミステリの領域とするのはいかがか、という議論は怪談に似て、よく起きる。

過去の確定してしまった時間、経験していない未来の時間、あるいは想像上の時間は、誰も見たことがない。事実を保証したものでもない。ミステリの条件を、確たる犯行、合理的な推理、明確な証拠に基づく犯人の指摘、と具体的な世界に限定すると、時代劇、ＳＦやファンタジーはそこからはみ出す。一方、そのような時が支配する領域は、今生きている人間が経験できないからこそ、興味を引く世界でもある。その未知の場を経験してみようとすれば、そこには人間の営みとして犯罪も殺人事件も起きる。その謎を解くには怪談と同じようにミステリの手法を援用することが多い。怪談が芝居になじんだように、見たことのない過去や未来、さらに想像の世界も舞台の上では目の当たりにすることができる。

暗闇の中で、ウィーンの街の人々の影が急きこんだひそひそ声で噂している。

「まさか、サリエリが……」

「なぜ、いまさら？　三十二年前の告白を？」

サリエリ「赦してくれ、君を暗殺したことを！　モーツァルト！」

「夜通し叫び続けるなんて！」

「ありうるだろうか？」

「サリエリがやったのだろうか？」

多くの「サリエリ！　サリエリ！」という、声がかさなっていく。


「アマデウス」（ピーター・シァファー・作〈1979〉、ジャイロス・ブロック・演出、日本初演〈1982〉倉橋健・甲斐万里江・訳）の幕開きである。いまも世界中の人々に愛されている名曲の数々を作曲したモーツァルトが、世に容れられず窮死したことも、サリエリが当時は権勢とともにあった音楽家であることも、実際に見たものは生きていないが歴史的事実とされている。

舞台はサリエリのモーツァルト殺しの告白から始まる。

「わが最後の作品、題して『モーツァルトの死、または、我それをなせしや？』を後世の人に捧げる！」　エエッ?!　モーツァルトはサリエリに殺されたのか？

モーツァルトの死後三十余年を経て、精神病院で孤独な死を迎えようとしているサリエリを語り手として、十八世紀後半のウィーンの宮廷を舞台に、天才・モーツァルトと凡庸な努力家の宮廷作曲家・サリエリとの葛藤の中にモーツァルトの死の謎が描かれていく。

タイトルとなった「アマデウス」というのはモーツァルトのミドルネームで「神に愛された」という意味がある由。サリエリは、音楽は人間に与えられた神の恩寵で、それを伝えるのは音楽家の崇高な使命と信じているが、下品な言葉を口走り、酒に女にと放蕩生活を送るモーツァルトが、神の恩寵のような音楽を作曲することが納得できない。

「あなたはあんな男を神の声としてお選びになった！　それに引き換え私への報いは、神のみ声を聞き分けられるただ一人の人間というだけだ！」

そのような神の仕打ちに報復するようにサリエリは保護者のように見せかけながら、モーツァルトを破滅に追い込もうとする……とここからはドラマになって、この「天才」とそれを理解することしかできない「凡庸」との葛藤が、ミステリの犯罪捜査のように展開する。

終幕近く、黒い仮面のサリエリが瀕死の状態で鎮魂曲を書いているモーツァルトを訪れる。

「我々は二人とも神に毒薬を盛られたのだ。わたしは君に。君はわたしに」

この作品には、アカデミー賞をいくつも取ったよくできた映画化作品（監督・ミロス・フォアマン／脚本・P・シァファー、アカデミー賞・作品賞・監督賞・主演男優賞など〈1984〉があるが、映画と舞台では最後のシークエンスがかなり違う。戯曲ではサリエリとモーツァルトはお互いに理解しながらも許しあうことはないが、映画はともに音楽に身を捧げたものとして許しあう。

歴史を素材にした芸術作品は、戯曲であれ、映画、小説、絵画、どのようなメディアでも、単なる事実の再現を目指すことはない。再現は不可能だし意味がないことを芸術に携わる人たちはよく知っている。演劇は、史実の上に虚構の物語を作る。歴史や音楽の専門家の意見では、モーツァルトとサリエリの間には芝居のような葛藤はなかっただろうということだが、このドラマは殺人の告白から始まり、歴史的事実や今も耳にする名曲を動員して、物語をつくりだす。観客の知識と興味にこたえる材料はそろっている。それが「殺したのか否か」というミステリの設問をカギとして、普遍的な人間の真実を発見する演劇になっていく。ミステリの仕組みを巧妙に使っている。

日本では、「アマデウス」は一九八二年に、九代目松本幸四郎(現・二代目松本白鸚)のサリエリ、江守徹のモーツァルトでサンシャイン劇場で初演されてヒット、以来、再演を重ね、その後、モーツァルト役が当時の七代目市川染五郎（現・十代目松本幸四郎）に代わって上演が続き、

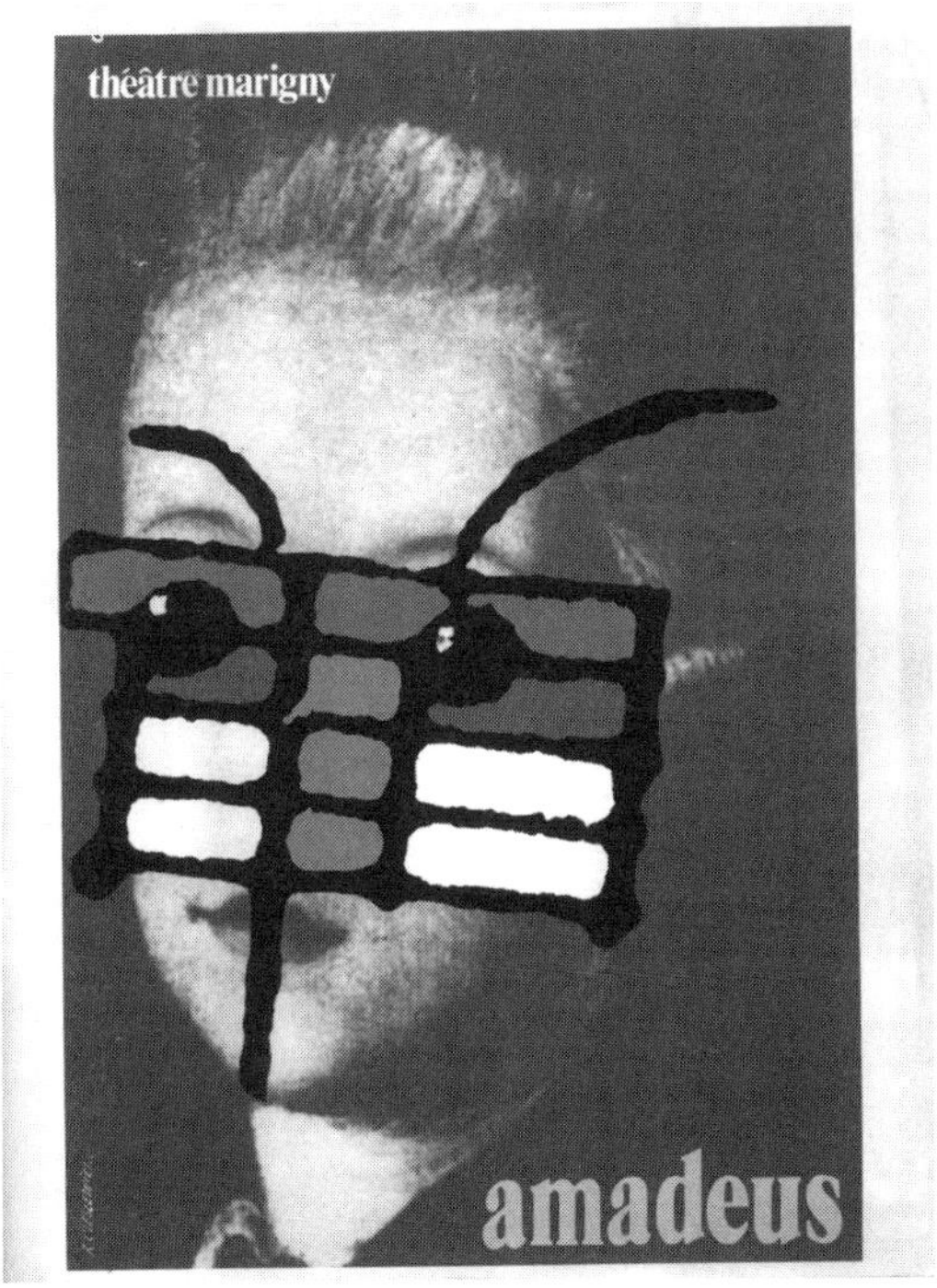

theatre marigny（パリ）の「アマデウス」のパンフレット（1982）

ミュージカル以外で大成功した翻訳劇（ストレートプレイ）となった。

このヒットは英語圏だけでなく世界的にも広がった。そのころ、たまたま仕事でパリにいて、この芝居が上演されていたので見物に行った。先に日本語で見ていたのでフランス語でもよくわかる。映画監督のポランスキーの演出で、ピアノ一台のほかほとんどセットのない円形舞台で自らモーツァルトを演じる。サリエリはフランソワ・ペリエだった。ポランスキーのモーツァルトがやたらにうまい。あとで調べたら出身地のポーランドで、はじめ俳優からスタートしている。モーツァルトのような、いわく言い難い領域の役を演じるには、演出も兼ねた方が奔放になれる。


少し余談を重ねれば、ポランスキーは映画でもミステリ系の作品を得意にしていて先に紹介した「死と乙女」も映画化している。

映画界にいる友人に聞くと、この監督はミステリについては稀代の腕達者、観客を謎に引きこむ名人だという。映画のなかで追い詰められた主人公が、廊下を歩いて行く。カメラは後をついていく。角を曲がろうとしてその先を見て立ちすくむ。角の先に何かを見たのだが、カメラは見せない。そこで映画館の観客は皆その廊下の角の先の見えない場所を見ようとして、思わず体を傾けて画面では見えるはずのない廊下の先を見ようとするそうだ。

そのカットへ行くまでのドラマと映像の緻密な積み重ねがないと、こういうことは起きない、と友人は言う。ミステリ演劇の演出の極意も、見えない殺人現場にどう観客をつれていくか、にかかっている。

時代劇では観客それぞれが持っている歴史への親しみにも左右される。

歴史には、芝居にしやすいさまざまな物語がある時代がある。今に通じる物語が語れる時代、とでもいおうか。それを歴史の中から発掘して、ミステリを解くように舞台で解いて見せる。日本では、大正リベラリズムの時代がよく芝居の背景となる。十年ほど前に、大正リベラリズムと冠された雲上の大正天皇の謎を解く秀作が小劇場で上演された。日本の専制君主制は明治から昭和の初期まで約八十年、その半ばにあって大正天皇の印象が薄いのはなぜか。大きな歴史の謎だ。

「治天ノ君」（作・古川健／演出・日澤雄介／初演〈2013〉、再演〈2016, 2019〉）は平成期に出発した代表的な小劇場劇団チョコレートケーキの公演。既に初演時に読売演劇大賞など各賞を受賞した舞台だが、再演を重ねさらに充実した舞台になっている。

舞台の下手奥の檀上に玉座の椅子、そこから上手前に向かって斜めに謁見の緋絨毯が伸びる。そこに治天の君として君臨した明治天皇（谷仲恵輔）、ともに妾腹の大正天皇（西尾友樹）と皇后節子（松本紀保）、昭和天皇（浅井伸治）、三代の天皇や重臣たちが次々に登場し、皇后節子の語りで、大正天皇の人と時代の物語が進む。複雑に時間は交錯するが、終始緊張した舞台で大正天皇紀が語られていく。それが長い治世のあった、明治と昭和の天皇の間に、中継ぎとして登場させられた男を巡るホームドラマになっていく。

天皇を扱うのだから当然、表向きに発表されている事実、君主制、政治の問題は避けて通れない。政治との葛藤は君主を生きるということでもある。明治天皇が築いた日本の君主制のモラルとその子孫による天皇制への理解の変貌が、演劇的に巧みに描かれている。君主であることは三人の天皇に政治的にも、人間個人としても大きな葛藤をもたらす。時間的には故人である明治天皇まで舞台に登場する演劇ならではのシーンの処理も巧みだ。

実質的な治世は十年足らず、病身、暗愚とされた大正天皇家のホームは、政治に大きく揺り動かされる。専制君主であることを義務づけられた孤独な帝王の苦悩はまた、現代社会で自己のみを信じて生きなければならない孤独な市民の小さな苦悩にもつながってくる。内なるタブー感からか、取り上げてこなかったこの素材を「天皇家のホームドラマ」という卓抜な着想で舞台化し演劇界に大きな衝撃を与えた歴史ミステリである。

小説や映画・テレビに比べ、演劇でノンフィクションを素材にするのは非常に難しい。

舞台で上演されることが既にフィクションであることを明らかに物語っているからだ。その壁を乗り越えて、歴史の事実に分け入り、過去に生きた人間の真実を舞台の上で、今生きている俳優たちが演じて、今の観客に共感されなければ、芝居が生きてこない。

劇場も、俳優やスタッフも、観客も時々刻々と流れていく現在の一瞬を歴史と共有することで歴史ミステリは成立する。

多くの歴史劇は舞台の上で、俳優が歴史を再現したかのように見せる。古典劇の中には様式化して受け継がれていくうちに、舞台が事実のように思われている場面もなくはない。しかしその中で、歴史ミステリは、史実のなかに新しい真実を今の観客のために見つけ出そうとする。

東西の二作、「アマデウス」も「治天ノ君」もいまは生者のいない過去の時間の中にある歴史に焦点を当てて、事実を超えて現代人に共感を運んだ演劇ならではのいい舞台だった。

過去から一転、未来へ時間を延ばすと、ここは全く未知のとりとめのない世界でもある。その世界に具体的な形を与えようと、ここでもミステリの構造が使われる。ＳＦの始祖とされているカレル・チャペックの「R.U.R」（千野栄一・訳〈1920〉）は、もともと戯曲で、「ロボット」という言葉も、その姿もここで初めて舞台に登場する。

最初は二幕の戯曲だった「R.U.R」（これは「ロンサム・万能ロボット」という会社名の頭文字）はロボット製造工場のある孤島が舞台である。一幕では、人間の労働を代替できるロボットが製造され、人々が未来に希望を描くが、第二幕になると人間はたちまち堕落して働かなくなり、子供を作ることも放棄してしまう。一方、ロボットは自分たちが魂を持たないことにいら立ち反乱を起こす。

人間と、人間が作り出すものとの対立や確執はその後も、ＳＦのテーマであり続ける。現代もテクノロジーの制御には確信を持てていない。日本でも現実にロボットが活用されるようになったいまでも、この百年前の戯曲が時折小劇場で上演されるのはこの作品のテーマがいまだに解決されていないということだろう。この戯曲はその後作者自身の手で、人間とロボットが共存し繁栄することを示唆する第三幕が書き加えられた。しかし、それでも舞台の納まりは悪い。第三幕はあまり上演されないし、見る機会もない。

演劇は、いまの現実にはないモノを舞台でみせるのには苦労する。小説のように文字の上でとか、映画のようにCGを駆使しての映像、というわけにはいかない。装置、照明、音響、衣装。最近開発されて重用されるようになったプロジェクション・マッピング、など数少ない武器を駆使して未来を舞台の上で見せる。

ＳＦ小説の名作「華氏４５１度」（作・レイ・ブラッドベリ〈1953〉）は、物語の構造が演劇にもミステリにもなじんでいて、芝居にしてみたくなる作品だ。

「焚書」という情報遮断の素材は過去にも未来にもつながるテーマになる。原作はナチスの焚書の時代に近く、アメリカの赤狩りの一九五〇年代に書かれていて、古めかしいのだが、現在でも残っている全体主義国家での言論規制や、そこまで行かなくても身近に見る「忖度」やSNSの「炎上」、他人への無関心を見ると他人ごとではない生々しさがある。

「華氏451度」（脚本・長塚圭史／演出・白井晃、KAAT公演〈2018〉）は原作第一部の未来社会の部分が舞台でもよく表現されていた。

舞台全面に高く大きな白い本棚が客席に向かって開いている。ここは未来の情報管理社会のディストピア。本を持っているだけで犯罪で、本を焼くための昇火士という公務員もいる。主人公・昇火士モンターグ（吉沢悠）の日々の業務は本を見つけて焼却することである。本棚に並んでいる白い大きな本を発見して次々と焼却する。

この作品の舞台化では、未来社会と、本を焼く場面がネックになっていたが、プロジェクション・マッピングの開発が解決に一役買った。

昇火士モンターグは、隣人の娘クラリスや妻ミルドレッド（美波・二役）や、上司（吹越満）との日常の中で、本のない管理社会に疑問を持ち抜け出そうとする。原作第二部、第三部はこの社会からの脱出のアクションドラマ的冒険物語で、原作ではそのなかで、本（『思想の持ち方』）に関する多くの引用や警句がちりばめられている。さらに、「機械猟犬」のようなメカニックな小道具や、戦争が始まる大きな設定も出てくる。こういう未来の現実を、舞台で見せ切るのは難しい。ここがちぐはぐになると、全体のバランスを崩して、未来世界の全体像が揺らいでしまう。この公演では、脚本も、演出も巧みに観客を未来社会へ連れて行ってくれるのだが、ラストシーンのモンタージュがミルドレッドとのシカゴでの青春の出会いを思い出し、そこに希望を託して終わるところが、なんだか、現在の時間に戻ったような感じになってしまった。全体としては好評だったこの舞台でも、行き来する未来の時間を舞台の上で納得させるのは容易ではない。

時間は立ち止まってはくれない。どんどん進行する。

ジョージ・オーウェルの「1984」は二十世紀文学の代表的近未来SF、多くのディストピア小説の元祖的な作品である。原作発表(1949)から、ほぼ四半世紀後の一九八四年のディストピアを描いている。今は二〇二三年。小説の世界は固定しているから、かつて未来であった世界は今となっては過去、SFの世界が時代劇の世界になってしまったという奇妙なことになっている。しかし、だからと言って、年代をずらしても意味はない。原作が四九年に提起した問題は、未来に設定した年代を四十年近く過ぎても解決せず、ここに描かれたようなビッグブラザーに似た独裁者の支配する管理社会は、世界のあちこちに現れた新しいファッシズム国家で、今まさに実現しようとしている。小説が描いたような戦争すら現実化している。

現代の世相を受けて「１９８４」はイギリスで新脚本で舞台化され（2014）、アメリカでもヒット（2017）、日本でも上演された（脚本・ロバート・アイク、ダンカン・マクミラン／訳・平川大作／演出・小川絵梨子、新国立劇場〈2018〉）。

この古典的な作品の、既に過去になってしまった時間を演劇の上では未来にして、現在の観客が見る演劇とするために、脚色者は、アクロバチックな設定を使っている。原作の最後で付録として、未来の全体主義国家で使用される新言語・ニュースピークが解説されている。その言葉は、国民に、支配する党のイデオロギーに反する思想を考えられないようにした言語で、それによって、支配を盤石なものにしている。それを材料に、新脚色では原作よりさらに未来に設定した時代に、その言葉によって、人々が過去の「１９８４年」という本を学習する、という枠を作っている。これで、現実の時間が行き過ぎてしまったSF的な物語の居場所が落ち着いた。二十世紀の古典ともいわれる原作を生かした新脚本になった。

舞台はこの脚本に従って、原作に忠実に物語が進行する。

主人公・真理省記憶局のウィンストン（井上芳雄）は思考犯罪とされている日記をひそかに書いている。同じ真理省に勤めるジュリアは過去の記録を現体制に合うように書き換える仕事だ。テレスクリーンに日常の全てを監視され、党のスローガン「戦争は平和」「自由は屈従」「無知は力」が叫ばれている中で、二人は人間性の回復を試みる。

今回の脚本では、この二人の犯罪が暴露され、逮捕されて、社会に適合した人間になるよう拷問されるところに作品の主点をおいている。こういう肉体的な苦痛を伴う表現は、小説、映画よりも直接俳優を見る劇場向きで、ニューヨーク公演では、拷問表現の強烈さに失神する観客が続出したという。ネットに出ている劇場の舞台スチールで見ると日本の新国立小劇場の倍はありそうな大きな劇場で、そこで舞台上の拷問の演技で観客を失神させるとはさぞ強烈な表現だったのに違いない。この公演が話題になり、演劇賞も受け、原作を手に観客が劇場へ押しかけたのは、それだけアメリカの社会が舞台で描かれる管理社会や、独裁政権への敏感さ、危機感があったということだろう。

ところが、日本の新国立劇場の公演は、前半物語はさらさらと進み、管理社会描写もさして強い表現になっていない。独裁者がすべての国民を管理している社会なのにその圧迫感がまるでない。独裁者の政党のマークは出てくるが、独裁者も、その反対者も抽象的存在として描かれていて、舞台には国家の管理者が出てくる。この役を配役されていた大杉漣が公演直前に急逝したというのも、痛手だったかもしれない。管理者と対立しながら、管理社会の中で生きている主人公たちの心情が切実に描かれていないと後半の拷問シーンも生きてこない。この拷問も、米英の記事になったような「失神者続出」シーンからは遠い「配慮された」演出になっていた。同じ脚本の翻訳公演なのに、こちらは海外名作ドラマの紹介のような素気ない公演であった。

演劇は公演される場所と、時代と観客に、大きく影響される。

結局、未来や過去を舞台にしても、演劇はいまの時間と場所を逃れられない。「過去は常に新しく、未来は不思議に懐かしい」（八〇年代にSF作家のフィリップ・K・ディックに触発されて、舞台を作った生田萬のことば）と言うのは、SF演劇に対するなかなかうまいキャッチ・フレーズだが、演劇のタイムトラベルの難しさも同時に示している。タイム・トラベルで謎を解いたつもりになっていると、ただの妄想に過ぎなかったという罠に落ちることもある。

時間や場所を超越したファンタジーとなると、こちらはミステリとは物語のアプローチが異なる。時代劇やSFは現実の時間の延長線上にあるが、ファンタジーは想像力の赴くところどこへでも飛んでいける。ジャンルを細かく言い募ることにはあまり意味があるとは思えないが、舞台芸術の中で、ファンタジーは「演劇Xミステリ」とは違う発展をしてきたと思う。ファンタジーの発想はむしろ、ショーやミュージカルの舞台で成果を上げ、観客の支持を受けている。現在の状況で言えば、今世紀になる頃から力をつけてきた2・5ディメンションの舞台が「ファンタジー」と「ショー」の交差点になっている。ここがどう展開するかはわからないが、私たちがまだ見ていない演劇の表現へと大きく発展する可能性を秘めている。

13　現場検証・2020–2023年

二〇二〇年からの三年間に、長い人生のなかでも、経験したことがない大きな社会の変化に出会った。

人類全体を襲った感染症の流行では、家族が感染したり、医療の崩壊を目の当たりにした。日本からは遠いロシアとウクライナの間で、国家同士の「現代戦争」が起きた。かつての太平洋戦争ではわが家も戦災で丸焼けになったから、こちらは未経験とは言えないが、そのときはこどもだった。いまは戦争のスケールも情報の量も格段に違う。

表向きは何事もなく、沈滞と混迷の三十年を過ごしてきた後に、個人では手をつかねて見ているしかない二つの大変化に直面した。

この変化は日本の演劇にも大きな影響を残した。

二〇二〇年に始まったコロナウイルスの感染対策として、多くの劇場が不要不急と名指しされて休演に追い込まれた。統計は見ていないが、実感として公演数も観客数も減っている。

ところが、わずかに開場した劇場では思いがけず、ミステリ演劇に日が当たることになった。往年の翻訳フーダニット劇の名作が大小の劇場で次々に再演されたのだ。

ことに二〇二二年には、ロングラン世界記録のクリスティ「ねずみとり」に始まって、プリーストリ「夜の来訪者」、トマ「罠」（ともに俳優座劇場）、ケッセルリング「毒薬と老嬢」（新橋演舞場ほか）、二つの劇場で幕を開ける予定だったローズ「十二人の怒れる男」（感染者が出て一つの劇場は中止になった）、「マーダー・フォー・ツー」（コクーン）、中止になったが「The 39 steps」（クリエ）、小劇場では多分世界初のヴァン・ダインの「グリーン家殺人事件」と「僧正殺人事件」をカップリングした公演（Mo' xtra 公演。須貝英・脚本・演出、吉祥寺シアター）、歌舞伎ではコクーン歌舞伎で「天日坊」それを受けたかのように大歌舞伎で「天一坊大岡政談」（歌舞伎座）。ミュージカルでは「カーテンズ」や東野圭吾原作「手紙」が上演された。少し時間を広げてコロナが始まって以来とすると、「スルース」も「オリエント急行殺人事件」も「日本人のへそ」も、「ほんとうのハウンド警部」も「八人の女たち」も……と大盛況である。

このような日本演劇史上、初めての「ミステリ演劇」ブームが、なぜ起きたのだろう？フーダニット劇がコロナ禍の異常な状況の中での演劇として、積極的意味を持ち得たとは思えない。

稽古の時間がとりにくくなったので、知名度のある室内劇中心のミステリ劇を観客が集まりそうで、手頃な上演作品として選んだのに過ぎないだろう。上演された作品は、今の人びとを動かす力のある作品もなくはないが、やはり閉じられた世界のフーダニット・ミステリの作品群である。コロナで沈んでいる社会の起爆剤になるには、荷が重かった。

だが、このようなフーダニット・ミステリ劇と並んで、ミステリ系のさまざまな技法や嗜好を武器に時代と格闘した優れた現代劇もまた上演された。

二〇二二年の演劇界で高い評価を受けたのは東京芸術劇場の地下の二つの小劇場で再演された劇団チョコレートケーキの「生き残った子孫たちへ・戦争六編」とタイトルをつけられた劇団の再演作品集だった。（読売演劇大賞最優秀作品賞、など）

コロナ禍と並行してロシアとウクライナの戦争が次第に拡大している中で、人間が作り出した戦争という過酷な状況も又、人類の大きな課題である。戦争はなぜ起きるのか、その責任はどこに、誰にあるのか、さきに木下順二が「裁判」を梃子に提起した課題に、戦後三十年もたって生まれたチョコレートケーキの作者・古川健と演出者・日澤雄介は幾つかの作品で取り組んできた。その集大成である。

植民地問題をテーマにした「追憶のアリラン」、原爆被害を描いた「その頰、熱線に焼かれ」、南京虐殺の責任を問う「無畏」、沖縄地上戦の「ガマ」、人間魚雷の「〇六〇〇猶二人生存ス」。いずれも一人ひとりの人間が戦場で戦禍と向き合った五作に加え、当時、国内の俊英を官、民、軍から広く集め世界情勢を最もよく把握していた内閣の総力戦研究所を素材にした異色の戦争の謎・追求劇「帰還不能点」が上演された。

開戦せざるを得ないのっぴきならぬ帰還不能点は、仏領ベトナム南部の油田占拠のために進駐した時点（アメリカの強硬姿勢の引き金となった）と言うのは、おおむね現代史で認められている。科学的に検討すれば、だれもが納得できる日米戦回避の結論が、なぜ内閣をはじめ、国民の総意にならなかったか、その謎をドラマはユニークな手法で描いていく。

戦後五年、総力戦研究所のメンバーはそれぞれの持ち場で市民に戻っている。その仲間の一人、日銀から出向していた一人が亡くなって、その人が戦後にむかえた後妻が経営している居酒屋で開かれるしのぶ会に当時の所員たちが集まってくる。生き残った彼らは、自分たちの研究や情報が戦争を止められなかった理由に改めて向き合うことになる。かつて、開戦前、研究員ひとりひとりは、それぞれの専門分野で事実《データ》と科学的検討に基づいて開戦反対を唱えたのだが、それらの意見は施政者に受け入れられなかった。それを納得するために、研究員たちは、自分たちの意見がどのように退けられていったかを当時の政府や軍の施政者の立場に立って意見具申の場を再現して演じてみるのだ。こういうシーンでは普通一人一役になるところだが、それぞれが役を代わる。つまり、東条も松岡も近衛もシーンによっていろいろな研究員が演じてみる。この趣向は、意外に利いていて、帰還不能点で、誰もが行き当たりばったり、時世に流された判断しかできなかったという事をリアルに表すことになった。戦争を止められなかったことを深く恥じた故人の研究員は、戦後は闇市の仕切りを担っていたのだが、たまたま、戦後の混乱の中で自殺しようとした見知らぬ女を助け、生活のために後妻にまでしていた。大きな社会の悲劇を救えなかったからといって、ひとりの悲劇を見過ごしていいという事にはならない、と言うのが彼の戦後の生活の信条である。日本の戦争は遠い過去になりつつあるが、この舞台を見ていると粛然とする。戦禍は国民の意識の集積に裏打ちされた結果でもあった。

全体は、よく組まれたメタシアター作りの歴史ドラマと言ってしまえば、その通りなのだが、いまなお、責任を押し付けあう倫理感の乏しさが当たり前になっている世の中を見れば、この具体的に戦争について描いたドラマ群を「子孫たちへ」残す意義は大いにあった。それは、単に芝居のスタイルとしてメタシアターであるなし、やゲームとしての歴史の謎解きを超えて、俳優という肉体を使って舞台に立ち上げてみるという演劇の効用だろう。そこに至るミステリと現代演劇の変転の経緯は見てきたとおりで、戦争を目前にしコロナ禍の苦境の中でもその流れは止まることはなかった。

そこには押し寄せる不安な時代の謎に迫ろうとする果敢な演劇の挑戦があった。

古城へ続く誰もいない道。城に向かって歩いているのになぜか、近づかない。もどかしい。一人で旅する夜汽車の中。驀進するこの列車は、本当に目的地の駅に向かっているのか。乗客は見知らぬ他人ばかり。心細いが誰にも聞けない。

今何時なのだろう。時計を見ると、針がなくなっている。のっぺらぼうの時間。

自分が誰なのか、確かめられない。ある朝目覚めると虫に変身している。


誰もが見るそんな夢から覚めても、まだ夢と連続しているような現実がある。

フランツ・カフカ（1883～1924）が、夢と現実の境目がない謎めいた小説を書いてから百年がたっている。孤独と不安に翻弄されながら、夢とともに生きるカフカの小説の主人公は、今生きている人々がリアルに感じられる存在になった。作品は今も読者をひきつける。年齢を問わず、ファンも多い。

演劇人はその世界に共感し舞台に乗せようする。

カフカの小説を劇化した日本の演劇人には、まず、松本修。文学座から出てＭＯＤＥというグループを作り、「アメリカ」（2002）、「城」（2005）、「変身」（2007）と主要な作品を次々と舞台化してきた。小説の世界を緊密な構成で舞台化した作品の評価は高く、数度にわたって演劇賞を受賞している。もう一人、ケラリーノ・サンドロヴィッチは「カフカズ・ディック」（2001）、「世田谷カフカ」（2009）でカフカ本人の伝記や作品をコラージュして、その世界を舞台で甦らせようと試みた。

「ドクター・ホフマンのサナトリウム―カフカ第4の長編―」（作・演出・ケラリーノ・サンドロヴィッチ〈2019〉、神奈川芸術劇場）はその集大成的な舞台だった。自らの劇団ナイロン100℃に加えて、スター俳優も多く配した大劇場公演で、三時間三五分の大作である。

カフカの未発表の第四の長編原稿が発見されたところから物語は始まる。現代だが、時も場所も、どこかあいまいな世界だ。原稿は、金に困っている中年の兄弟（大倉孝二、渡辺いっけい）が義母の家で見つけたもの。その百歳の長寿を生きた義母はかつて、散歩中のカフカが公園で見かけた少女だった。カフカは人形を失くした公園の少女にいくつものお話を聞かせている。

この設定の上に、新発見の原稿を出版社に売り込む現代の物語。この長編を書いた百年前のカフカの日々。そして発見された第四の長編に書かれた作中の物語が重層的に語られる。時代も場所も違う、史実と架空の物語が一つの舞台に織り込まれていく。

発見された第四の長編の作中人物の出征する恋人（瀬戸康史）とともに旅する若い女性カーヤ（多部未華子）が舞台の主人公になる。戦場で別れ別れになった恋人たちは、旅のなかで、カフカ的な体験を重ねることになる。ストーリーを追えば、とりとめない展開なのだが、カフカの小説のように、いつの間にかこのいびつで不思議な世界に惹きこまれてしまう。

舞台では、五人編成のバンドが思いがけない場所から現れ東欧風の音楽を演奏し、KERAの舞台としては珍しく二十人もの出演者が、小野寺修二の振り付けでモブシーンを演じる。幕開きのプロジェクション・マッピングを多用した夢の中のような舞台美術もいい。第四の原稿の入った鮮やかな緑色のカバンなどの小道具も細かく心配りされている。

カフカというと、原作にならって、簡素な舞台が多かったが、これは官能性にあふれたKERAならではの現代のカフカである。戦場に赴き捕虜となった兵士がサディスティックな女たちに虐待されるKERAらしいシーンもある。

しかし、この第四の長編でカフカが何を書いたのか、はよくわからない。不条理の言いかえのように、道に迷う、という寓意がしばしば出てくる。世界はまさに謎に満ちたミステリアスな現代社会だ。カフカは、奇妙な医療施設ドクター・ホフマンのサナトリウムで最後をむかえることになる。

ラストは、ユダヤ人だったカフカの没年とナチの結党年を重ねたエピローグで幕にしているが、そのような歴史的な事実に基づくメッセージよりも、作者はカフカの描いた人間たちや風景を、自分の手で舞台に乗せて見たかったのだろう。まるで、KERAがカフカとデュエッ

「ドクター・ホフマンのサナトリウム―カフカ第 4 の長編」

KERA の公演のパンフレットはいつも凝りに凝った趣向があり、このパンフレットは出版界でも珍しいアンカット製本の冊子になっている。内側になったページに書いてあることは取るに足らないフェイクだと断ってあるが、それでも手にしたら読みたくなる。ミステリファンの心理を読み込んだ作者のいたずらである。

トを楽しんでいるような作品なのだが、見終わると、やはり、舞台には「いま」が敷き詰められている。KERA本人が言っている「カフカよりはポップな作品だ」と。

今、日本の現代演劇のリーダーの一人である野田秀樹は、かつて、自分の芝居を、世に行われている「フツーの演劇」に対して「フツーでない演劇」(『劇談』扇田昭彦・編〈2001〉)と言った。彼の言う「フツーの演劇」は、物語とテーマの一貫性を求める近代劇である。八十年代以降自らの「フツーでない演劇」で「フツーの演劇」に果敢に戦いを挑んできた彼は、いま、新作が発表されるごとに最も注目を集める日本を代表する劇作家である。

二〇二三年七月、東京芸術劇場で、ほぼ四年ぶりの野田秀樹の新作「兎、波を走る」(NODA MAP公演)が上演された。このところ、野田の新作の公演は前作の「Q」も、初演で二か月を超える。日本の創作劇の大劇場初演でこのような長期公演は、戦後数えるほどしかない。確か、昭和二十年代に民藝の「炎の人」が新橋演舞場を中心に二か月を超える公演があったと記憶しているが、それ以来だろう。チケットも発売同時に前売り分は完売という盛況で、もう「フツーでない演劇」なんて言っていられない。前作の「Q」は、イギリスのバンド、クイーンが、劇中で楽曲の全面使用を許可したという話題もあったが、「兎、波を走る」はキャストこそ、おなじみの松たか子を軸にテレビ人気の高橋一生、多部未華子、ベテランの秋山奈津子、大倉孝二、山崎一に、もちろん野田秀樹も加わって、充実の一座だが、物語は現実の事件を背景にしていて重苦しい。

野田演劇らしいメタシアター作りで、北朝鮮の拉致問題に、兎穴に兎を追って落ちた不思議の国のアリスの物語を重ねた不条理劇である。アリス（多部未華子）、その母親（松たか子）、物語の入り口の作者に野田秀樹。物語の受け手側に秋山奈津子と大倉孝二。この布陣の上に、未解決の現実の犯罪ミステリが描かれる。

国民の拉致は日本だけでなく、紛争地域でも、極貧国でも、先進国でも現実にある普遍的犯罪である。

日本海を渡る船の波がしらから生まれた白兎の一群から逃れ、故国へ戻ってきた脱兎（高橋一生）はミステリの謎を解けるのか。

イギリスの劇作家・ピンターも初期の作品「バースディ・パーティ」（1957）で、僻村の海辺のB&Bを舞台に、何者ともしれぬ二人組が、隠れ住んでいるピアノ弾きを拉致する不条理劇的なミステリ劇を書いている。こちらは、最後まで、実は何が起こっているのか観客によくわからない。何もかも、回収して見せるフーダニット劇風な設定に不条理な人間関係や解かれない謎を持ち込んで、ミステリ劇から現代劇への道を示唆してもいるが、その解かれないミステリは半世紀を超える年月が経っても、そのまま作品に残っている。

野田作品は単に事件としての拉致を素材にするだけでなく、それを取り巻く周囲の社会の無関心、判断放棄も描いている。問題の根は深いのだが、そこまでは観客には伝わらない。現実には、場合によっては国家間戦争になりかねない問題が、これほど明らかに提示されても、気づかない。

現実を直接背景にした作家の全力投球も、劇場を埋めた観客はスター俳優を並べた大入り公演の「お芝居見物」にしか見ていないように見える。作者が言うように「作家の無力をこれほど感じることはない」のかもしれない。

しかし、三十年ほど前に自らの演劇を「フツーでない演劇」といった野田の作品は今や日本の誰でも喜んでみる代表的な演劇になった。そのなかで、一段と喧しくなった雑音に臆することなく現実の社会問題を演劇の素材に選んだのは、時代を担う劇作家の見識である。観客も物語の仔細は忘れても、観客の感動は体内に記憶されて残る。現代演劇がとりいれたミステリの構造がその記憶を支えている。

KERAの芝居にはカフカが、野田の芝居にはアリスのファンタジーの世界が取り込まれ、時も場所もはるかなこの日本で現在の世界を映す舞台に結実している。

このような演劇の大きな枠組みにミステリを取り込んだ演劇は、日本だけでないようだ。

二〇二〇年、やはり休演が多かったロンドンで開けた気鋭の女流劇作家ルーシー・カークウッドの新作が、あえなくコロナで短期の公演で終了した。その翻訳日本公演が二二年にシアターコクーンで上演された。

「ザ・ウェルキン」（訳・徐賀世子／演出・加藤拓也）は、はっきりローズの「十二人の怒れる男」のミステリ劇を借りている。

時は十八世紀半ば、場所はイングランドの片田舎。ここで開かれた裁判の陪審員は十二名。全員女性である。条件がついていて、妊娠経験のあるものに限る。彼女たち陪審員が裁くのは、懐妊していると主張する被疑者が、果たして本当に懐妊しているか、どうか。

この時代、罪を犯しても、妊娠している罪人は死刑だけは免れることができる、という法があった。被疑者の女は、男とともに殺人に与し、男は死罪になっている。被疑者の女が主張する懐妊は、共犯者として死刑をのがれるための命がけの主張なのだ。

産業革命が進行中で、その時代ではもっとも近代的であった地方でも、女性の地位も、意識も低い。無差別に領内から選ばれた職業も年齢も多様な平民の女性たちが陪審に臨む。

女性たちが各地から集められ、審理の内容が明らかになるまでが一幕。審理とその結果が第二幕。

劇場の宣伝では「推理劇」と言うが、被疑者が裁判にかけられているのは、決まり（法）

による妊娠の有無を問う審判である。犯罪の方はここではどうでもいいのである。陪審員の女性たちの審理は、実証、心証、体験、世間の噂、自分の立場などによって紆余曲折する。その審理の論理も過程ももちろん現代とはズレている。しかし、ここが非常に面白いのだが、その判断の中に、今も我々が生活規範としているものも少なからずある。三百年の論理と倫理の変化のなかで、ジェンダーを問うドラマは進行する。ここは民主主義の判断が安定している「怒れる男」の男性に限定された陪審員たちの討論とは大きく違う。

被疑者をめぐる一つ一つの話題の選択が巧みで、現代の観客も引き込まれる。その過程では、ミステリが培ってきた技巧である探偵役の登場も、謎解きの論理も、怪談も、リアルな生活環境も、過去も未来も、さらには不条理な論理や現実も、「怒れる男」に沿いながら見事に取り込まれている。テーマとしては直截に妊娠を軸に女性のジェンダー問題が焦点になっているが、その先は人間が子孫を生し、文化をつなぐ営み（歴史）への人間のドラマにつながっている。ミステリ演劇の構造をかりて現代の世界を解いてみせた優れた現代演劇なのだ。

作者ルーシー・カークウッドは一九八三年生まれの英国の女性劇作家。日本でも上演された「チャイメリカ」で天安門事件、「チルドレン」では原子力発電事故というきわどい素材を、現代人の課題として新鮮な視点から解き明かした。「ザ・ウェルキン」の日本での上演の演出はまだ三十歳前だった若い演出家・加藤拓也。戯曲と波長が合って、どこまでも冷静に舞台を処理する。議論が、一方の主張に傾斜して感情的になることがない。事件は、残酷な結末を迎えるのだがそこでもドラマは客観的に進む。タイトルの「ザ・ウェルキン」はイギリスの古語で天空・蒼穹の意味の由。この世界にいまだ解決できないで残っている謎も少なくない、そして、どうやら、舞台はその解決を観客のひとりひとりにゆだねているようなのだ。ゾワッとするような恐ろしさが残る。

「ドクター・ホフマンのサナトリウム―カフカ第4の長編―」（作・演出・ケラリーノ・サンドロヴィッチ）、「兎、波を走る」（作・演出・野田秀樹）、「ザ・ウエルキン」（作・ルーシー・カークウッド／演出・加藤拓也）三作とも、心を動かされて劇場を出た。

大きな災厄の中でこの国で上演された三つの現代劇は、一言でその色を語れない宙ぶらりの今の時代の希望と絶望を合わせて表現している。ここに至るまでに通過した人間の長い道のりが、人類の埋め込まれた記憶を揺さぶる。世界の謎は解かれ、演劇の場で呼び起こされた感動に触れて、観客はそれぞれに自分が見てきた世界が変わるのを見る。

そうか、われわれはこういう世界に生きている。これからも何か新しい世界の発見があり、そこには絶望だけではなく希望もある。

観客のこの心の動きは劇場でナマ身の俳優が演じる「人間のリアル」によるものだ。それは自分が十数歳で演劇から与えられた体験につながっている。そのときから持ち続けてきたミステリと演劇への親しみがその底にある。

目に見える社会の殺人現場の謎を解き明かすことから始まったミステリと演劇の交流は、時代とともに、世界の見えない謎をさまざまに解く一つの方法にまで進んできた。これが現在のミステリ演劇だ。

14　目撃者・観客

中学生で「夜の来訪者」を見てから七十余年たつ。「演劇」は親しい文化ではあったが、劇を書いたこともなければ、舞台に立ったこともない。舞台の上の創造に関わったことはない。常に「観客」だった。

演劇の学術書には、演劇文化を構成する要素として、必ずと言っていいほど、「観客」が挙げられている。観客と共にある空間が演劇の場で、観客がいない演劇は成立しない。

文学、音楽、絵画、映画などは、創造された所から離れた場所で読んだり、見聞きしても受け手として参加できる。演劇の場合は、観客は創造の場にいなければならない。

「演劇」と言う文化の中で、「観客」の居場所はどこなのだろうか。

演劇を創造する側には、戯曲を書く作家、舞台で演じる俳優たちがいて、演出者のもとで舞台美術、音楽・照明・音響などをまとめて舞台を作る。公演する劇場の運営の人々も必要だ。演劇の「同時一回性」、つまり常にナマであるために、かなりの数の人たちが演劇に同時に関わることになる。「総合芸術」である。そこに確かに「観客」もいる。観客には、成果を受け取る代わりに、創造者たちの生活を可能にしなければならない役割がある。

「お客様は神様です」

かつて、演歌歌手の三波春夫が歌謡ショー（1961）のトークで大当たりをとったセリフである。ショーの劇場は歌舞伎座。（この年から二十年間、毎年八月に歌手・三波春夫が座長で「歌謡ショーと芝居」のプログラムで歌舞伎座で一月興行を打った）。劇場から発信された言葉が、世間でもてはやされる流行語になった。

演劇だけでなく、文芸にも絵画にも、音楽にもそれを経済的に支える鑑賞者はいるが、演劇の場合は劇場で直接対面するので実感があるのだろう、演劇を製作する演劇関係者の間では、時に苦笑を交えてではあるが、名言とされている。もちろん、表立って商業演劇と言わない劇団でも、有志を集めたプロダクションでも、興行を打つものにとっては、観客のチケット代で舞台の勘定を合わせ生活することは基本的に重要なテーマである。

確かに、演劇は観客なしでは成立しない。

では、観客が演劇の成果として劇場で求めているものはなにか。

観客が劇場へ行く理由はさまざまだ。一言で答えるのは、難しい。五十年ほど前は商業劇場では劇場営業による団体客が頼りにされていた（今でもなくはないが）。一方、新劇では、労働組合や地方の鑑賞団体が有力で、演目や座組みはそれぞれの観客層のご意向が反映していた。団体客のご機嫌取りばかりやっていていいのかと、とまじめに論じられたものだが、それほど深く観客の求めるものを考えたわけではなかった。やがて双方の団体客はいつの間にかいなくなって、代わって登場したのが出演タレントのファンクラブである。今は、見たいと思った演目に女性に人気の若いタレントが出ていようものなら、チケット争奪戦のためにパソコンの前で前売り発売時刻を待つことになる。彼女たちは同じものを財布が許す限り何回でも見る。普通に演劇を楽しみたいと思う観客にとっては迷惑な話であるが、昔から役者を追うのは芝居見物の大きな楽しみだからやむを得ない。

演劇の本は、知識はさまざまには教えられるが、演劇が観客をひきつける肝心要の理由についてはなかなか答えてくれない。芝居は楽しいだけでなく、海外、自国を問わず文化の実態を肌で知ることができる、とか、名優やファンの俳優の演技を目の当たりにできる、とか、社会の動向を共感する場、とか言われても、個人の財布にお伺いを立てると、その答えは嘘っぽい。

一つ、腑に落ちる答えがあった。観客は舞台の官能のしたたりを五感で受け取る快楽を求めて劇場に行く（渡辺保）、という。

舞台で演じられるのは人間の官能の表現で、単に芝居のスジや人気役者のジツエンではない。耳で聞く戯曲の言葉、目で見る俳優の姿、舞台の上にしか現れない人間の官能に訴える表現。そこから零れ落ちる官能のしたたりを観客は五感を開いて受け取る。それは、本に書かれた戯曲のセリフや、写真や録画で写された記録では受けとれない不確かなナマのもの、そこに観劇だけの官能で知る快楽がある。その五感の快楽の先に、人間の真実の姿への共感がある。芝居を作る方も、見る方も、その接点を求めて演劇の場に集う。その至福の時はめったに訪れない。しかも舞台はその時限り、見逃せばおしまい。だが、観客と舞台をつなぐチケット代を超越する瞬間は必ずあると期待して、観客は劇場へ行く、という。さすが長年真摯に芝居を見続けてきた批評家の至言で、舞台と観客の関係をフェアに言い得ていて、納得できる。

観客は集団で見ているようではあるが、舞台の感銘を受け取るのは観客それぞれの「個人」である。観客一人ひとりが「唯一の個人」として感銘を受け取る。演劇批評はほとんどが観客の立場から書かれるが、共感できるいい批評は、演劇を見た批評家が個人の感銘から共感の輪を広げるように書かれたものだ。もちろん、個々の演目を離れて、演劇という文化を、例えば、戯曲の歴史からとか、役者の方法論とか、さまざまな視点から論じることはできるし、そういう演劇論が観客にも役立つことは間違いないが、観客にとっては、ただ一回だけ見た舞台から、人間の体を通して伝えられた感銘こそが、演劇のキモである。

劇場へ行くのが個人の判断になって、いまは、商店会の福引の景品で当たったから、という理由で劇場に足を運ぶ観客はほとんどいなくなった。一人ひとりの責任でチケットを買う。この流れが定着したのは八十年代以降、小劇場系演劇が客を集めるようになってからだ。観客席の顔ぶれは大きく変わった。観客層は若くなり、女性が圧倒的に増えた。

観客の五感はさまざまだが、共通して言えるのは、舞台でなければ味わえない感動に震える、という事だろう。舞台の上で絞り出された未知の官能のしたたりに触れて、新しい自分を発見する愉しみ、とでも言おうか。

芝居を見て、さまざまな感情をゆすぶられるのは観客の喜びだが、その揺れを言葉にして他人と共有するのは容易ではない。その感興のハイライトは舞台から、五感で伝えられたものであり、共通の言葉になりにくい個人のものだからだ。

ここまで、実際に自分が観客として見たミステリと演劇の交差点から、その交わりのさまざまの経緯を綴ってきたが、個々の作品について個人的な感銘に立ち入るのは控えている。細かくは忘れてしまっているということもあるが、既に体内に取り込まれてしまっていて、改めて取り出す普遍的な言葉が見つからないということもある。同時にそれらの作品は、それぞれの観客が多様な受け取り方ができ、そこは個人の領域だということもある。

演劇ではそういう個人の秘めた観客の感銘の集積が、また舞台に反映していく。言葉になっていない観客の反応は、意外に舞台に立っている人たちには敏感に伝わっていくものなのだ。例えば、少し長い公演だと、初日と千秋楽の舞台は驚くほど感じが違うことがある。

演出者も俳優も、制作側も観客の反応を敏感に感じとっているのだ。

演劇界では、演劇の成功は宣伝よりも観客の口コミで公演中に増える観客数で計られるとも云われている（斎藤憐のインタビュー「劇談」扇田昭彦・編）。

こうしてみれば、確かに、演劇には観客も参加している。ここで見たわずか一世紀足らずの時間の中でも、観客は、演劇への参加者の位置を次第に上げてきたようにも思う。

観客にとって、自らの演劇の感動を持続させる大きなハードルは、演劇がナマのものであるということだ。

観客が観劇の感銘と人生を共にするためには、自分の記憶にたよるしかない。

しかし、人間である以上、悲しいかな、感銘のすべてを記憶し続けることはできない。その補完装置として、狭いながらも演劇のジャーナリズムもあるし、戯曲も記録映像も市販されている。だが、ナマで演劇が演じられる劇場が大都市の繁華街の中心に大きな間口を広げているのに、劇場を出た観客が、自らが見た演劇の記憶を辿ろうとすると、補完手段は他の文化ジャンルに比べると、非常に少ない。

文字に書かれた戯曲は演劇の各要素の中で、唯一、ほぼ上演当時の形で残されるものだろう。だが、現在の日本では、戯曲が印刷・出版される機会は極めて少ない。演劇賞の受賞作品も、戯曲賞の受賞作品も、話題になった時に気をつけていないと手に入らなくなる。刊行されても部数が少ないし宣伝もしない。価格も高い。例えば、再演機会も多い本書で上げたフーダニット五作品ですら翻訳本を手に入れるのに苦労する。刊行部数が少ないから古書店で見つけるのも難しい。一般人が利用できる図書館は一応何でもある国立国会図書館以外では、専門機関の早稲田大学坪内博士記念演劇博物館、松竹の大谷図書館、神奈川県演劇資料室（ここは穴場で、戦後の新劇系演劇雑誌が開架式で読める）、何かと制約が多い新国立劇場資料センターくらいで、普通の公立図書館は、かなり大きな図書館でも演劇関係の図書の揃え方に偏りがあって使いにくい。

英米では、本書であげたような著名作品は、ネット通販で在庫本や古書がたちまち手に入る、しかも安い。読者も観客も戯曲慣れしている。市民のアマチュア演劇も盛んだという事情もある。戯曲が史料ではなく生きている。

日本では演劇の観客や文学の読者に戯曲を読む習慣がないとよく指摘されるが、そんなことはない。戦後も六十年代まではよく出版されている。観客総数は劇場の増加とともに増えているのだから、読者はいるに違いない。まずは、結末が分かれば観客動員に関わるなどと、料簡の狭いことを言わないで、欧米の劇場でよく見るように簡易版の上演テキストを安価に劇場物販してはどうだろうか。ことにミステリ劇は、戯曲で読んでみると、今見た舞台の演出や演技の大技小技がなるほど、と分かってさらに芝居が面白くなる。

優れた演劇批評から個人の観劇体験が拡がっていくことはある。いままでも先人の演劇批評には教えられることが多かった。しかし残念ながら、現在のわが国では演劇批評はほかの文化ジャンルの批評に比べると冷遇されていて、一般の観客の目の届きやすいところにない。総合的な文化ジャーナリズムの一端としてとりあげられることも少ないし、人気俳優のビジュアル本以外の演劇の本は、書店ではめったに目にしないのが現状である。二二年には遂に長年歌舞伎をはじめ伝統演劇を伝えてきた専門雑誌「演劇界」も休刊した。

観客も、戯曲を読みなおしたり、当時の劇評を読んだりすると、思いもかけず記憶の隅に眠っていた観劇体験の断片がフト浮かんだりする。そのスナップショットは観客一人ひとりに刻まれた一人だけの観劇の愉悦で、何物にも代えがたいものだ。

読むより、もう一度見たいという舞台もある。映像で収録された舞台は、何らかの意味で、編集されているから、どのように技巧を凝らしていても生の舞台を観るのとは、はっきり違う。感銘した舞台でも、改めて劇場収録の映像で見ると、はぐらかされた思いがする。それでも見たい、テレビの劇場中継番組で見た記憶がある、きっとＤＶＤが販売されているだろう、と期待してネットを検索しても、劇場中継のＤＶＤは、俳優のファンをあてにした刊行が多く、販売数も限定的で市場が出来ていない。見つかりにくいし、あっても作品によっては法外な価格がついていることがある。ＤＶＤなどで、再販される機会のない放送のための収録作品は放送局のアーカイブの奥に眠っているか、原版行方不明の危機にさらされている。初期にＶＨＳで出た小劇場作品や初期のＣＳ放送作品は既に原版の所在がわからないものも多い上に、見る側にも、ＶＨＳの再生機が殆どない。ほんの二十年ほど前のことなのに、無声映画状態なのである。ＤＶＤやブルーレイも、今は便利だが、そのうちに簡単に見られなくなるのは、家庭用八ミリフィルム、ベータ方式のビデオテープ、レーザーディスクと同じ運命だろう。これから映像系も音声系もアーカイブもどんな新しいメディアが現れるかは全く予想がつかない。

テレビの劇場中継はほとんどが配信に席を譲って番組表には見えなくなったが、劇場で見る演劇とテレビや配信映像では受ける感覚が違う。見る環境の空気が違うし、記録映像はよく出来ていればいるほど、映像作品に近くなっていく。

文学史や映画史とちがって、演劇史を戯曲で辿ったり、舞台を記録映像で再見できるのは、専門研究機関に近い一握りの専門家以外は非常に難しい。そこに観客の席はない。創造された時の形そのままで接することが可能な文学、映画、絵画などの芸術と違って、「演劇」の観客は、それが花開く上演の一瞬を見逃してしまったら、ほぼ万事休す、また、観劇の感銘を維持しようとしても補完措置に頼ることはできないということなのだ。

観客にとって、演劇は一期一会、唯一無二の観劇の記憶の中にしか生き続けられない宿命なのである。

めったにないが、劇場に入りきれないくらい客が来たり、もう一度見たいという再演を望む声が高くなり興行者が食指を動かすと、ようやく、再演がある。本書で上げた作品は知名度の高い何度も再演されている作品が多いが、同じ戯曲によって上演された舞台でも、再演は初演とは違う。

演劇の再演では本質的に、戯曲以外は、俳優、演出、装置、劇場、それに観客も、ほとんど新しくならざるを得ないからだ。時には作者が書き直してしまう場合も少なくない。なによりも、時が経過する、そのあいだに観客も変わってしまう。そうなれば、舞台の上も下も、過去の再現よりも目前の時代とともにあろうとする。初めて再演を見る人が、初演の再見を求めてきた観客より優先されてしまう。

映画でよくあることだが、感動した映画の久しぶりの再上映に勇んで名画座へ行って「見なければよかった」と臍を噛むことがある。同じフィルムを見る映画ですらそうなのだから、演劇の再演では、臍を噛む率は高くなる。それは再演を求めた客も変わったからだ。

つまりは原則的には、演劇では再演も新作なのだ。「古典」と呼ばれる演劇はこういう時の洗礼を受けてもなお生き延びている戯曲による作品である。


冒頭の「夜の来訪者」は最近も同じ俳優座が再演している。この演目は俳優座の財産になっていて、九十年代になってからは、内村直也・脚本を受け継いだ八木柊一郎・脚本で公演を続けている。初演当時の「夜の来訪者」の観客は、サスペンスタッチで、資本主義社会の上流階級の無意識の罪が生むドラマに共感したが、再演を重ねるうちに、作る方も見る方もドラマの興味は市民の無意識の罪の告発から、崩壊する家庭の人間関係に移っていった(演出者・西川信廣の再演十年のパンフレット)。ホームドラマ色が濃くなる。こうして時代を超えて観客の絶えない名作でも時代と共に少しずつ変化する。演劇は時代から逃れられない。演劇は再演によって、新しい時代に生まれ変わる特別な文化ともいえる。

ユヴァル・ノア・ハラリは最近のベストセラー「21 Lessons」(2019)で、人間が物語に執着するのは、人類の特殊な資質だと説く。人類は、「物語」を信じることで生命をつないできた。自分が生きている世界を理解するために、我々は、物語のスーパーマーケットの中でしか生きられない、という。かつては宗教の教義が代表的な物語であったが、科学の進歩とともに、物語はさまざまな形で、至る所に存在するようになった。その物語の呪縛を解くためには世界を観察して、瞑想することで、科学と心が暴走するのを防ぐことができる――という論旨だ。なんだかうまく言いくるめられたような気もするが、そう聞けば、演劇で世界の謎を解くことこそが、現代社会の暴走を止めるかもしれないと思えてくる。

二十世紀半ば以降、演劇とミステリのかかわりが深くなり、舞台でその多様な姿を見せるようになったのも、そういうバックグラウンドの認識をすれば、わかりやすい。

演劇は生身の人間による物語の表現。ミステリは、その物語で起きている現場の観察記録と解決である。この両者が出会うミステリ劇がさまざまに発展するのは、多様な物語を精緻に読み解くことが必要な時代の至極もっともな要請だった。物語を読み解く筋道が多くなれば、それだけ多くの物語を豊かに語ることもできる。

こうして、現代の演劇とミステリののっぴきならない共犯関係が成立する。そこには観客の渇仰する人間の官能のしたたりを受ける快楽も待っている。

15　パンドラの箱

演劇は、何もない板の上から始まる。

そこに道具が置かれ、俳優が現れ、出会い、人間の営みの一端を演じ、観客が見る。

演劇は登場人物の出会いから始まり、その後の彼らの関係がドラマになる。出会いが登場人物たちの新しいステージを生む。そのパターンは大きくは二つ。出会いが成功する、端的には男女の関係が進む恋愛劇。もう一つは、出会いが人間関係の破局を生む、失敗の殺人劇である。もちろんそれ以外のテーマもあるが、演劇の二大テーマは恋愛ものと、犯罪ものだろう。恋愛ものではその恋の成就への成り行きが、犯罪ものは殺人に至る謀略の成り行きが解かれる。前向きの人間感情の進行と、後ろ向きのその失敗の原因の謎解き、出会いから始まる人間の行為が観客をひきつける。その千変万化のプロセスを閉じこめたパンドラの箱を開けてしまった人間は、箱から飛び散ったあらゆる不幸や禍と闘わなければならない。その戦いの跡のすべてを言葉にしたつもりでも、どこか言葉になっていないところが残る。そこを、舞台で人間が演じて見ることで言葉にならなかった真実をすくいとる。

ミステリと演劇の出自は違うが、どちらも、物語が生まれたころからの長い歴史を持つ。演劇も、ミステリの土台となる犯罪物語も、太古の時代から存在した。短い人生で見ることができなかった歴史は専門家の方々のご研究にお任せして、十九世紀末以後の両者が交錯するミステリ演劇には観客として参加できた。

現代につながる「ミステリ演劇」を要約すれば、最初は、市井の実話もどきであった犯罪劇はやがて、名探偵や怪盗出没のヒーロー劇や、犯罪の恐怖を見せる怪談や、異郷譚になっていく。さらに、ミステリと演劇はおたがいの財産を分け合って、フーダニット劇の「ミステリ演劇」が生まれる。二十世紀はリアリズム演劇の時代であった。大衆社会に生きる観客は一夜の娯楽を超えて、同時代の人間の真実を舞台に求める。世紀をまたいで、日々、人々が直面する現実を解き明かしていくことが演劇の大きなテーマになっていく。フーダニット劇ばかりではなく、リアリズム演劇でも、不条理劇でも、ミステリ劇の構造は現代を解き明かす有力なツールとして大いに貢献した。ミステリ演劇は時代と伴走して、現代社会の人間が生み出す謎を解き明かす現代演劇の先端を目指す。

ここまでその足跡を縷々見てきたわけだが、これからの「ミステリ演劇」はどうなっていくのか。

表面的なところでは、演劇の場の多様化がある。

文化の多様性や多義性を認め合う多様性社会を目指して、今社会は大きく変わろうとしている。その動きは社会の情報の一端を担う演劇にも反映する。

映画、テレビ、ネット配信などの、大量・間接のメディアでは、情報流通の構築に巨大な経費と装置が必要だが、演劇は、少量・直接のメディアでもある。テレビでは一千万、映画では百万単位の観客があるのが普通だが、演劇では大劇場の一月興行でも、観客数はようやく五万内外である。ザ・スズナリだと一週間の公演で二千人の観客があれば、小劇場の演劇上演としては成立している。そこから年間最高と評価される舞台も生み出せる。実に小さなメディアである。この小ささは、それが現実の人間のナマの肉体で支えられているという点で、間接メディアであるSNSや映像メディアなどとは全く違う。ここはこれからも変わりようがない。

だが、場の多様化はさらに細分化されるだろう。演劇は大小によって、演劇専門の劇場で上演されるのが普通だったが、今は違う。商業劇場に加えて、公共劇場、小劇場、さらにはホール、酒場、工場跡、街角とさまざまなスペースで劇的表現が試みられる。

舞台を実際に見たわけではなく、ネットで知った情報にすぎないが、今、「ねずみとり」

のロングラン記録を追い上げている「ミステリ劇」があると言う（ウィキペディア英語版による）。“Shear Madness”というアメリカの舞台で、もともとは六十年代のドイツの原作を換骨奪胎した由。観客席はほぼ三百人規模の小劇場スペース。

舞台の場面はヘア・サロン。その二階に住んでいるこの店の女主人が殺されて死体で発見される。店の従業員、今風のキャピキャピの助手、几帳面な中年女性、客の骨董品ディーラーの老人などが登場し、彼らが示すカギから犯人を捜す。

よくあるフーダニット劇の装いだが、ユニークなのは、この後の犯人捜査のドラマに観客が参加出来るという事だ。観客はその場で疑問を登場人物に聞きただせる。登場人物を演じる俳優たちは無理難題を含め観客の質問に当意即妙に対応する。そうなると、もちろん、毎回物語のスジも変わるし、犯人も変わる、演劇的に言えば、脚本も役柄もセリフも毎回変わることになる。今までの唯一の「結末を話さないでください」ではなく、毎回「新しい結末が見られる」ミステリが上演される。確かに今までの一人の犯人を指摘するフーダニット劇とは真逆の面白さだ。

一九八〇年にボストンの小劇場で幕を開けた舞台は地元の観光名所になるくらい当たって、七年後にはワシントンの舞台があき、遂に二〇一五年にはニューヨークのオフブロードウェイに進出、さらにはアメリカの地方都市だけでなく、パリ、メキシコシティ、アテネ、韓国のソウルでは二劇場で幕を開けたとのこと。四十年かかって世界各地で上演されるようになったのはやはりその場に居合わせた観客がドラマに参加するという演劇の構造そのものを問うスタイルの新しさだろう。

海外動向に敏感な日本の興業界の人たちが、この作品を知らないはずはないが、日本での公演を逡巡する理由はわかるような気がする。いまは、舞台でも達者な芸人は多いからナマで臨機応変が必要な出演者や演出者は日本でも見つかるだろう、引っ込み思案の日本の観客も突っ込みに慣れてきた。課題はこういうショーのようなドラマがロングランできるような劇場、あるいはスペースがあるか、ということにもかかっている。この国の観客が、ミステリへの観客参加だけを楽しみに劇場へ足を運んでくれるかどうか。そこに、新奇さ以上のリピートしたくなるような演劇体験の感銘があるか。現実の興行界の動きは慎重だが、イベント系の企画では旅行業者、ホテル業者と組んで、参加者と一夜の謎とき演劇を行うツアーイベントがしばしば行われるようになった。

狙いが似たものではほとんどの大劇団や公共劇場が実際に行っている祭日などの児童参加の演劇イベントがある。今は、地域社会活動が主眼になっているが、演劇的可能性もある。

背景のひとつは、演劇が持っているナマのライブの面白さを味わう場所と観客が増えたことだ。武道館のような大きな会場から、喫茶店で開かれるミニライブ、ホテルなどを会場にした体験型ミステリ劇まで、ここ二十年ほどの間にさまざまなスケールでライブの面白さが味わえる場が広がってきた。かつて見せる・見るという関係を明確にしてきた劇場の舞台と観客を隔てる緞帳幕を使用する演劇は少なくなった。観客を含め演劇が同じ空間を共有するというインタラクティブな関係に進む環境は出来上がっている。

さらに、今世紀に入って、確実に地歩を固めた2・5ディメンションの舞台がそれを後押しする。あまり多くの舞台を観ていないが、今までの劇場で見る演劇とは明らかに違うライブの興奮が2・5ディメンションの舞台には必ずある。ここでも漫画に取り込まれたミステリのキャラクターたちが活躍している。百年前には、新しいスターとして演劇の舞台に華々しく登場してきた名探偵や悪の華たちのヒーローも、華麗なトリックなどのミステリの手法も、新しい装いと役割の中で、生き続ける。この延長上に新しい「ミステリ劇」の可能性があるかもしれない。問題は2・5ディメンションの舞台に表層的なキャラクターのジツエン化を超えて、観客が受けとる演劇ならではの「官能のしたたり」があるか、どうかだ。

ミュージカルにもミステリの素材が多くみられるようになった。前世紀の黄金時代ミュージカルには、明るく楽しいラブロマンスの名作が並んでいて、例えば「スウィニー・トッド」(1979)のようなミステリ味のミュージカルは異色だったが、最近のヒット・ミュージカルは「オペラ座の怪人」や韓国仕立ての「シャーロック・ホームズ」のような古典ミステリを素材にしたものから、ギャング社会を背景にした「シカゴ」「ブロードウェイと銃弾」などがしきりに上演されている。犯罪に近づくのはタブーだったタカラヅカでも、「オーシャンズ11」や「マスカレード・ホテル」が上演されている。

オペラが「演劇から富を奪った音楽」と言われ、ミュージカルが「音楽から富を奪った演劇」（藤田敏雄『劇談』）と言われるように芸術のジャンルの間の富の争奪戦は激しくなった。現代演劇もミュージカルも、新参のジャンルであるミステリから、さまざまに富を奪ってきた。現在、ヒットしているミュージカルの「シカゴ」や「ボディガード」のようなジュークボックス・ミュージカルでは、ミステリのストーリーの骨組みが大いに役に立っている。今後は、例えば、「キャバレー」（ハロルド・プリンス・演出〈1966〉、日本初演〈1982〉。同じ原作からは矢代静一脚本の「洪水の前」〈1980〉という国産ミュージカルもある）のように、より現代演劇に近い内容のミュージカル作品も多くなるだろう。優れたミステリ作品が原作となる機会も増えるに違いない。ミュージカルは才能も経費も仕込みに長い時間がかかる舞台芸術だが、いったん成功すると長い生命を持つ。ミュージカルではまだ、内容的にミステリを消化したと言いきれる作品は挙げられないが、これからは、素材だけでなく、演劇としての構成も細かく配慮されたミュージカルが現れそうだ。それはミュージカルの次世代の新しい「音楽劇」になるかもしれない。

喜劇、コメディとミステリには、笑いを引き出すことと、恐怖を引き出す演劇手法が似ていて、シチュエーションや登場人物のキャラクターが際立つほど面白いなど、共通の特徴がある。いままではミステリと対照的な場所に置かれていたが意外に親和性がある。笑ってしまえば怖くない、とホラーや怪談でも恐怖を引き立てる笑いは効果的に使われている。かつての「毒薬と老嬢」や「陽気な幽霊」はこの狙いだが、今の巨大な、しかも中身はつかみにくいデジタル社会を背景にしても面白い作品が生まれそうだ。

舞台の上の世界は拡大した。かつてのミステリの舞台は、観客が知っている（と思えるような）狭い世界に限られていた。しかし、現在は、地理的には世界のどこでも舞台になるし、時間も、現実・非現実も超える未知の世界も舞台に登場する「何でもあり」の多様な世界である。

素材も拡大した。ミステリでも、一般の文学作品でも、広く世界のあらゆる事象がとりあげられている。素材は拡大している。まだ舞台では難しそうな素材はあるが、やがてはその世界も舞台に上がるだろう。

表現文化には、リアリティが欠かせない。荒唐無稽と思われる舞台でも、どこか内容や表現にリアリティがあれば、観客は舞台に引き付けられる。そのリアリティの表現方法はリアリズム演劇の追求とともにイメージ表現の技術的進歩もあって日々豊かになってきた。戯曲や演出や俳優だけではない。舞台表現のテクニカルな進歩もリアリティを補強してきた。

舞台の上の殺人が、人間の謎をリアルに解き明かす。それが、ミステリの持つメリットを細かく埋め込んだ現代演劇として、舞台に次々に豊かな実りをもたらした。ことに、二十世紀後半以降のストレートプレイの展開には大きな役割を果たしてきた。

少し視野をひろげると、現在は人間社会の構造の曲がり角を迎えている、と多くの人が感じる時代になった。しかし、曲がり角の向こうについては、誰も約束できる確実な答えを持っていない。

文学のように言葉だけでは描き切れない、映画のように映像で表現できない、絵画や写真のように一瞬の画面に定着できないもの、そのような他の文化が描き切れないこの時代の真実に、演劇は、等身大の人間の姿を通して触れることが出来る。演劇への期待は今後も続くだろう。

演劇の中に取り込まれたミステリの素材、構成法、舞台技術はこれからも進化していくだろうし、現実の社会を反映して、多彩な展開があるだろう。そして、舞台の上には、必ず、他の「見る」メディア、映画、テレビ、ネット配信などでは描かれない「演劇ならでは」の最前線のナマの人間のドラマが見られるに違いない。

舞台の上の殺人現場の犠牲者たちは無駄死にではなかったのだ。

筆者が体験した七十年の間にも、これだけ多彩な殺人現場を見てきた。エンタテイメントを主軸にした興行でも、ストレイト・プレイでも、劇場の大小を問わず「舞台の上の殺人現場」にはあらゆるこの世の失敗が集約されている。そこでは劇作家、演出家、俳優たち、装置や音楽の裏方たちに加えて、さまざまな生活を持つ観客が劇場で共有した言葉にはならない人間たちの真実の姿があった。ウソの世界だがウソではない。

さまざまな回答が与えられ、人々は慰めも、さらに失敗から立ち上がり生きて行く力も与えられてきた。パンドラの箱の底には「希望」が残されていたというではないか。これからどのような未来への警告、生き方、慰めが演劇から与えられるかは、解らない。

すべてはこの世界に生きる人々の舞台に賭ける想像力と創造力にかかっている。演劇が他の文化にはない「スペシャル」なところでもある。

「夜の来訪者」の大詰め。

家族が、自分たちの責任を社会に棚上げして安堵した時、電話がかかってくる。電話に出た主が聞き終わると、不思議そうに一同を見まわして言う。

「警察からだ。今うちの従業員が消毒薬をのんで、緊急病院に運ばれた。警部が事情を聴きに来るそうだ」

それならば、さっきの警部は何者だったのだ？

立ちすくむ一家……照明がスッと落ちる。溶暗。幕。


警部の登場にはさまざまな受け取り方があるだろう。しかし、その問いかけへの答えは、それぞれの観客に任されている。作者も、言葉では説明できなかったのではないかと思う。それは演劇とミステリの交差点に現れた秘められた回答への扉が開く一瞬でもあるからだ。


今日も劇場の扉は開く。

席に着く。

開演時間になる。

客電が落ちて、観客席にジワッと、何事かが起きる予感が広がる。
舞台に照明が入って、人間たちが動き出す……。
また一つ、舞台の上に新しい殺人現場があらわれる……。

謝辞

今までに観たすべての舞台に深い敬意と感謝をささげます。

本書の執筆にあたっては、その戯曲、上演パンフレット、研究者のお仕事を参照させていただきました。また翻訳を引用させてもいただきました。

特に参考文献に上げたご本からは多くのご教示を得ました。ありがとうございました。

文中、敬称を略させていただいた失礼をお許しください。

参考文献

「続・幻影城」江戸川乱歩（早川書房〈1954〉）
「江戸演劇史・上・下」渡辺保（講談社〈2009〉）
「明治演劇史」渡辺保（講談社〈2012〉）
「舞台を観る眼」渡辺保（角川学芸出版〈2008〉）
「昭和演劇大全集」渡辺保・高泉淳子（平凡社〈2012〉）
「日本現代演劇史」大笹吉雄（白水社〈2001〉）
「日本の現代演劇」扇田昭彦（岩波新書〈1995〉）
「劇談」扇田昭彦編（小学館〈2001〉）
「唐十郎の劇世界」扇田昭彦（右文書院〈2007〉）
「喜劇の手法」喜志哲雄（集英社〈2006〉）

以上の著書をご執筆の先賢からは他の著書からもさまざまなご啓示を受けました。

「八〇年代・小劇場演劇の展開・演出家の仕事3」日本演出者協会（れんが書房新社〈2009〉）

参考文献

「現代演劇大全」（マガジンハウス〈2019〉）
「小さな演劇の大きさについて」佐々木敦（Ｐヴァイン〈2020〉）
「つかこうへい正伝」長谷川康夫（新潮社〈2020〉）
「アガサクリスティ生誕１００年記念ブック」（早川書房〈1990〉）
「推理文壇戦後史」山村正夫（双葉社〈1973〉）
「ステージ・ストラック・舞台劇の映画館」高橋いさを（論創社〈2005〉）
「『演劇の街』をつくった男」本多一夫・徳永京子（ぴあ〈2018〉）

あとがき

劇場へ出かけて芝居を観たり、ミステリを読むことはいつも傍らにある楽しみだった。しかし、舞台を作ることや演じること、ミステリを書くことなど、演劇やミステリの創造の場に立ったことはない。そんな自分が、ほぼ、人生の終わりになってミステリと演劇のことを書くに至った経緯を簡単に記しておきます。

子供をたまに芝居に連れていく普通のサラリーマンの家庭に生まれた。一九五九年に社会に出て、ＮＨＫで、テレビドラマを中心に映像の仕事をするようになると、その制作現場は、演劇界の作者・俳優、さらには道具方など裏方も重なっていた。ミステリもテレビの人気コンテンツだったから作家の方からは原作を頂く機会も多い。なんとなく演劇も、ミステリも、身近なものと思っていた。

それが、とんだ思い上がりだと知ったのは、集団で行うテレビの仕事のほかに、個人の仕事に目移りした頃だ。「幻影城」というミステリ専門誌のコンクールがあったので評論部門で投稿すると、佳作に選ばれた。ここで知り合った仲間は凄かった。この賞はわずか四年しか続かなかったが、泡坂妻夫、栗本薫、連城三紀彦、田中芳樹、竹本健治、浅羽爽子など当時、社会派から脱皮するミステリの先駆けとなった俊英がここから続々とデビューした。構想力も筆力も馬力も桁が違う。付き合いは楽しかったが、全く敵わない。三十歳の半ばを超えたところで、テレビの世界と混同すると誤解のもとになると考えて、この時にペンネーム麻田実を作った。

中年になって、仕事の場で演劇番組の担当を振られた。芝居は見ている方だったから、激務のドラマ制作の中休みをするような気分で、喜んで引き受けた。

八〇年代の初めの三年間で、ちょうど、演劇界も面白い時期だった。スタッフは歌舞伎から新劇まで、幕内に詳しかった。テレビの現場からはうかがえない演劇製作のオモテとウラを勉強した。この時に、演劇批評家の渡辺保さん、扇田昭彦さんと仕事を通して、芝居を見るのも生易しい覚悟ではできないと教えられた。「演劇」には独自の世界が厳としてあった。

ドラマ制作の現場に戻るとハイビジョン、衛星放送、デジタル化、国際化、メディア・ミックスとテレビ界にも変革の大波が押し寄せて、閉鎖的だったキー局の制作体制が動き出していた。次々にとりくんだ開発系の仕事は面白かったが、定年の時期も迫っていたので、プロダクションを作って各局で各種の番組を作った。これも愉快な経験だった。

幸い、いつも集団制作には欠かせないリーダーシップを持った優れた才能の持ち主が要所で現れ、仕事がまとまった。人生振り返って、本当に人との出会いには恵まれた。感謝しかない。七十歳を超えて、映像制作に年齢的な限界を感じ始めたころ、早川書房の「ミステリ・マガジン」編集部とのお付き合いがあって、本誌月評欄に「演劇レビュウ」の欄を書かせてくれた。隔月刊だから二か月の間に上演された舞台から二作、ミステリになじむテーマを見つけ出して三枚で書く。書くたびに今までの観劇の体験をベースに両者の関係をあれこれ考えるようになった。ミステリと芝居は縁が深いのに日本では両者をつないで纏まって書かれた一般書が、演劇側にも、ミステリ側にもない。

ミステリは巧みに演劇に消化されて現代演劇を支えている。その経緯を舞台で見た観劇体験は、細部は忘却の彼方に沈んでしまっていても、どこかに残っている。それをつなぎ合わせると、自分も共にたどった時代の動きが見えてくるのは楽しい作業でもあった。楽しませていただいた舞台の現場の方々には慮外の失礼をしているかもしれないが、なにとぞご寛容をくださいますよう。唯一のエクスキューズは、一期一会の演劇の一回性である。一人の観客が接した「舞台の上の殺人現場」体験から、戦後の日本の演劇と、それを包む社会の鼓動をこのように見た、という現場報告である。

本書をまとめるに当たっては鳥影社の方々にたいへんお世話になった。また長年演劇番組では何かというと手伝って貰った多田茂史君（クンづけは失礼という年月がたったがつい出てしまう。ごめん）には今回も助けて貰った。こういう文章を書ける環境を許してくれた家族にもこころからありがとう。

麻田　実

索　　引

作品名、事項名索引

索　引

【ま行】

【や行】

【ら行】

【わ行】

索　　引

人名索引

〈著者紹介〉

麻田　実（あさだ　みのる）

本名：川村尚敬
1936年生まれ。慶應義塾大学卒業。
59年からNHK、92年から制作会社カズモでテレビ番組を製作。現在役員プロデューサー。主な制作番組・テレビドラマ「ガラスのうさぎ」など銀河テレビ小説枠。「ジンジャーツリー」（BBC-NHK共同制作）「新宿鮫シリーズ」（NHK）「命のビザ」（CX）「朗読紀行シリーズ」（NHK BS）など多数。演劇番組では「芸術劇場」（ETV）「昭和演劇大全集」（NHKBS）など。情報系番組では「日時計」（NHKスペシャル）「日系人20世紀の自画像」（NHKBS）。映画、映像作品では「あいつ」（アルゴ）「赤いカラスと幽霊船」（横浜博）「サザンウインズ」（国際交流基金）など。
ミステリでは、「幻影城賞」第二回佳作。現在、「ハヤカワミステリマガジン」「季刊文科」で劇評連載中。

〈イラスト〉

フェリックス・ヴァロットン（1865－1925）

スイス生まれ。フランスの画家。版画家。

舞台の上の殺人現場
―「ミステリ×演劇」を見る―

2023年11月20日初版第1刷発行
著　者　麻田実
発行者　百瀬精一
発行所　鳥影社（choeisha.com）
〒160-0023 東京都新宿区西新宿3-5-12トーカン新宿7F
電話 03-5948-6470, FAX 0120-586-771
〒392-0012 長野県諏訪市四賀229-1（本社・編集室）
電話 0266-53-2903, FAX 0266-58-6771
印刷・製本　モリモト印刷

ISBN978-4-86782-046-9　C0074